創成川の東側地域（昭和37年）

写真で見る

あの日の札幌

北海道新聞社 編

北海道新聞社

写真で見る　あの日の札幌

【街並み編】

北海道新聞社　編

本書に掲載している写真や絵はがきのうち、変色したり、傷や汚れ、カビなどが目立つものについては、見やすくするために修正処理をしました。色合いについても若干補正しております。絵はがきは、刷り込まれた文字や消印を消すなどの処理をしたものもあります。

写真の所蔵先は、写真ごとに記載しました。所蔵先が複数の場合、データ処理を行った所蔵先のみ記入しております。

*カバー　（表）3連アーチの豊平橋（昭和38年）・南1条十字街の交通整理（昭和26年）
（裏）大通に立つテレビ塔（昭和32年）

*表紙　（表）雪化粧した時計台前（昭和32年）
（裏）完成したばかりの当時のテレビ塔（昭和31年）

*本扉　大通公園（昭和33～34年ごろ）

*前見返し　創成川の東側地域（昭和37年）

*後見返し　創成川イースト（平成23年）

※写真はすべて北海道新聞社

この本を手にしてくださる方へ（街並み編）

札幌はすばらしい魅力をこぼれ落ちるほど持った町です。近代的な街づくりが始まってわずか百五十年という短い歴史しか持ち合わせていないのに、人口二百万人の大都市になりました。魅力がなければこうはいかないでしょう。

この写真集は、その魅力のもとを探したくて編集してみました。百五十年の歴史をさまざまな写真で見てみようというわけです。

写真が今のようにデジタル化され、誰もが撮影し保存できるようになったのは、せいぜい十年くらい前からで、古い写真の蒐集《しゅうしゅう》は簡単ではありません。

札幌の人口の八割近くは終戦後に増えました。それだけ旧市街の周囲に新しい町が造成されたわけで、それぞれ作られた年代によって資材も形も異なる町になっています。

日本の建物は木造が中心です。簡単に取り壊しが可能です。

札幌の都心は、大火や戦災もほとんどなかったのに、その姿はがらりと変わっています。まるで脱皮でもしたようにです。

脱皮の原因は冬のオリンピック大会でした。それまでは、白亜のコロニアル風の木造洋館が随所に散りばめられた街並みでした。そのユニークな町のたたずまいは、本当に美しいものでした。でもそのままでは現代の発達した文化生活に適応は無理でしょう。

そんな当時の郷愁を込めて〈街並み〉編をあんでみました。

さらに平成三十年（二〇一八）は、北海道という名称が正式に決まった年から百五十年目で、記念行事が予定されていると聞きます。札幌は開拓使庁の所在地として、歩みを共にしてきました。この写真集の刊行も記念の一部として、本書が一人でも多くの方々のお手許に届けば幸いです。

朝倉　賢

写真で見る　あの日の札幌 ― 街並み編 ―

第四章　十区の街並み

序章

拓けゆく札幌

蝦夷《えぞ》地から北海道へ

それまで北海道という土地は、日本の中で所在なげに眠っている大きな子供だった。

日本の全面積の二割以上は北海道が占めている。この大きな島を本格的に開拓する気になったのは、江戸幕府から明治政府へと、日本の政権と政策ががらりと変わってからだ。

それまで蝦夷地は幕府が直轄したり、松前藩に任せたりしながら、南下するロシアの動きに反応していた。国防警戒のほか、漁労や狩猟によって収入を年貢のように集めていた。内陸部の開墾などは多分眼中にはなかったのではないだろうか。しかしその間に、北海道の各地で生活していたアイヌの人たちとの抗争などがあり、その結果、彼らは片隅に追いやられるようになった。札幌近辺に居住していたアイヌの人たちも同様だっただろう。蝦夷地から得るものは海からだったので、和人の集落は当然海ぎわに増え、特に本州に近い渡島半島に集まった。海岸部には運上屋が増え、住み着く人も増えて町になって行ったが、内陸は手つかずのままで、幕府は内陸の開墾は民間に委ねきりだった。そのため、札幌郊外の開墾にいそしんだ幕吏大友亀太郎と、彼に率いられた農民ら民間人たちが、明治開拓史の先導を務めることになった。

政権が幕府から政府に移る大変革を全国に知らしめるためにも、政府は蝦夷地内陸の開墾による農業の振興を喧伝した。明治二年（一八六九）

五月、函館五稜郭で榎本武揚との戦に勝つや、七月には直ちに政府内に「開拓使」という名称の役所を設置、閣僚級の長官を置いた。八月には蝦夷地の名称を「北海道」と改めた。この街づくり事業や農地開拓は、新政府の意気込みを知らせるだけでなく、戦に破れた武士たちや農家の二男、三男などの不満をそらす狙いもあったのだろう。

しかしこの広い北海道全域を開拓使だけで拓くのは無理な話。〈諸藩士族庶民にいたるまで志願の申出ある者には相応の地を割り当て開拓を許す〉こととした。そして大藩による分領支配をさせた。その前に開拓使は、兵部省とそれぞれ直轄地を領有した。このとき札幌は開拓使の直轄となっている。札幌を北海道の首都にと推したのは、北海道を探査していた幕臣松浦武四郎の意見書によるものだった。

開拓使の現地責任者が島義勇《よしたけ》判官であり、まず農民・大工などの居住民を募って札幌へ先発させ、札幌村（現在の東区環状通東駅の南）にあった大友亀太郎の役宅を解体して、本府（市中心部）に官邸を建てるなどの工事を始めた。旧暦十一月、冬のさなかからの工事開始だった。

しかし費用がかさんで諸事業はストップ。島判官は半年あまりで東京へ召還されてしまう。明治四年（一八七一）、後任に岩村通俊《みちとし》判官が着任、ようやく本府の街づくりが本格化していった。

忘れてはいけないのは、先住民族の存在だ。開拓使が札幌を本府にと手がける以前、アイヌの人たちは少人数ながら、札幌を流れる小河川や丘陵地などで漁労や狩猟を行い、交易もしていたという。ただ、当時は写真技術が全く普及しておらず、この写真集に収めることは出来なかった。今、先住民族の文化が特に注目され大切にされている。専門家による今後の研究成果を期待したい。［朝］

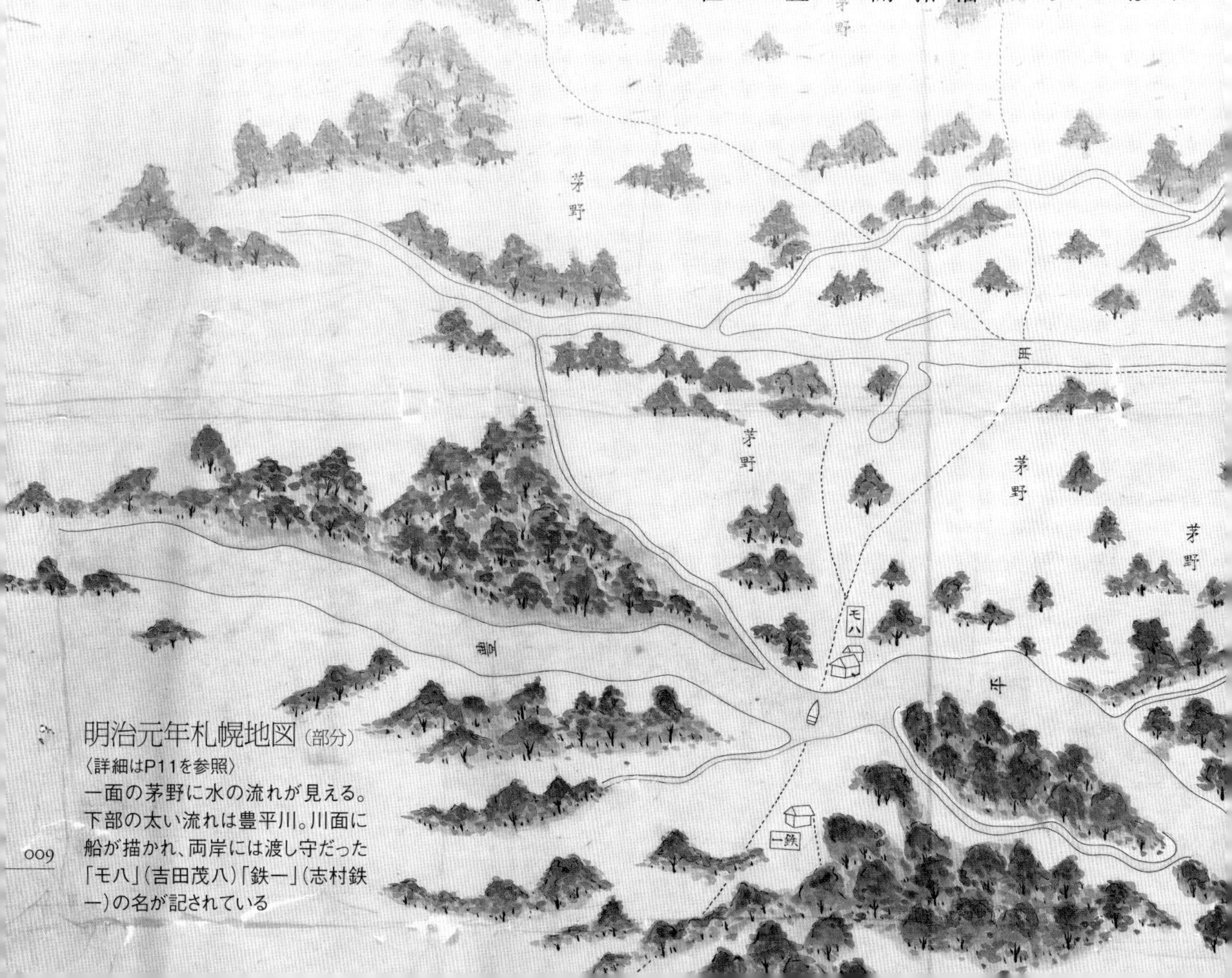

明治元年札幌地図（部分）
〈詳細はP11を参照〉
一面の茅野に水の流れが見える。下部の太い流れは豊平川。川面に船が描かれ、両岸には渡し守だった「モ八」（吉田茂八）「鉄一」（志村鉄一）の名が記されている

サッポロのあけぼの

開拓使判官・島義勇
〈北海道大学附属図書館北方資料室〉

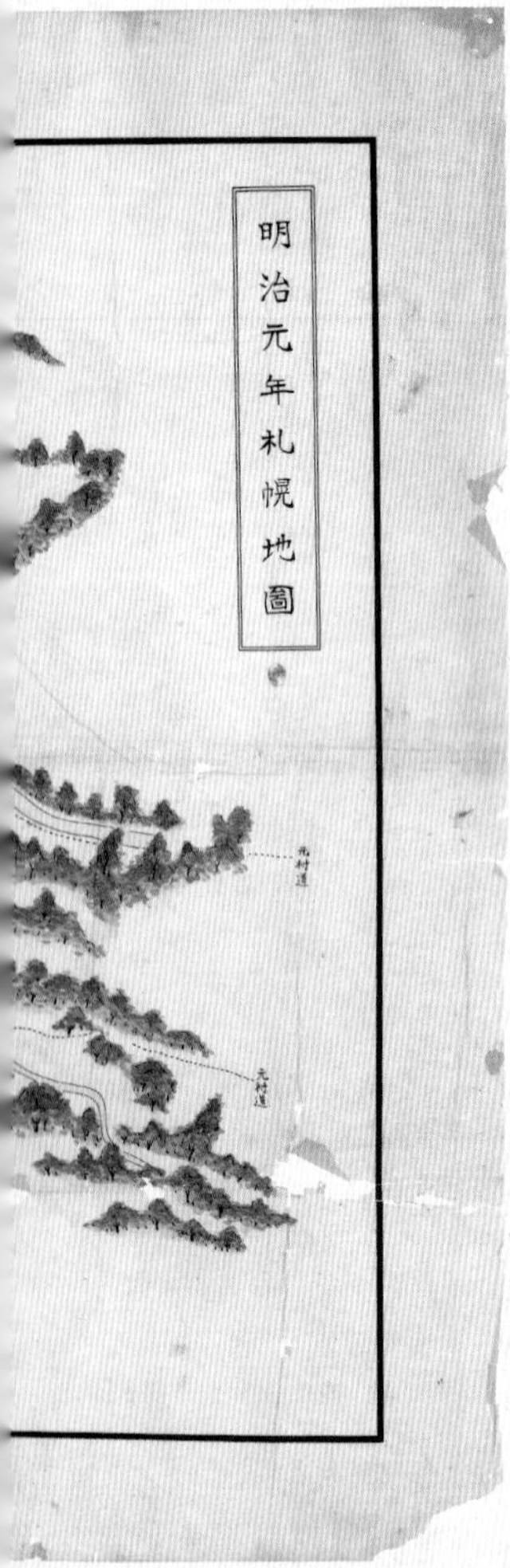

島義勇、名は〝よしたけ〟と読む。安政三年（一八五六）、藩命によって蝦夷地（北海道）・樺太の探査に向かい報告書を残している。明治元年（一八六八）、戊辰戦争では佐賀藩の軍艦奉行から大総督府の海軍先鋒参謀補、江戸鎮将府権判事、徳川家領地取調掛、会計官判事などを歴任した。

明治二年（一八六九）、陰暦十月十二日（太陽暦十一月十五日）、開拓使判官・従四位となった島は、札幌本府建設の大任を負って、函館から現在の小樽市銭函に着任。直ちに開拓使仮役所を設け、町割りや縄張りのため馬で銭函～札幌を往復して指揮をとったという。元村の大友亀太郎の役宅を北一条西一丁目に移して、集議局の看板を掲げて移転したのは十二月三日。太陽暦の明治三年（一八七〇）一月五日のことだった。

島の構想は、北四条西一丁目付近を中心に三百間四方の本府庁舎、その正面から南に延びる幅十二間の大路の両側に諸役所・官邸・学校・病院を配し、民地との境界には二重の土居を築いた四十二間の大通りを設けるというものだった。これは五十間ごとに十二間の道路を縦横に、東は豊平川から、西は開拓鎮護の社を擁する円山の麓に至る広大な計画で、札幌を〝他日五洲第一都〟（「いずれは世界一の都」の意）にするとの志がうかがえた。

しかし、工事は雪と寒さに加え、食糧や馬糧の不足に阻まれ

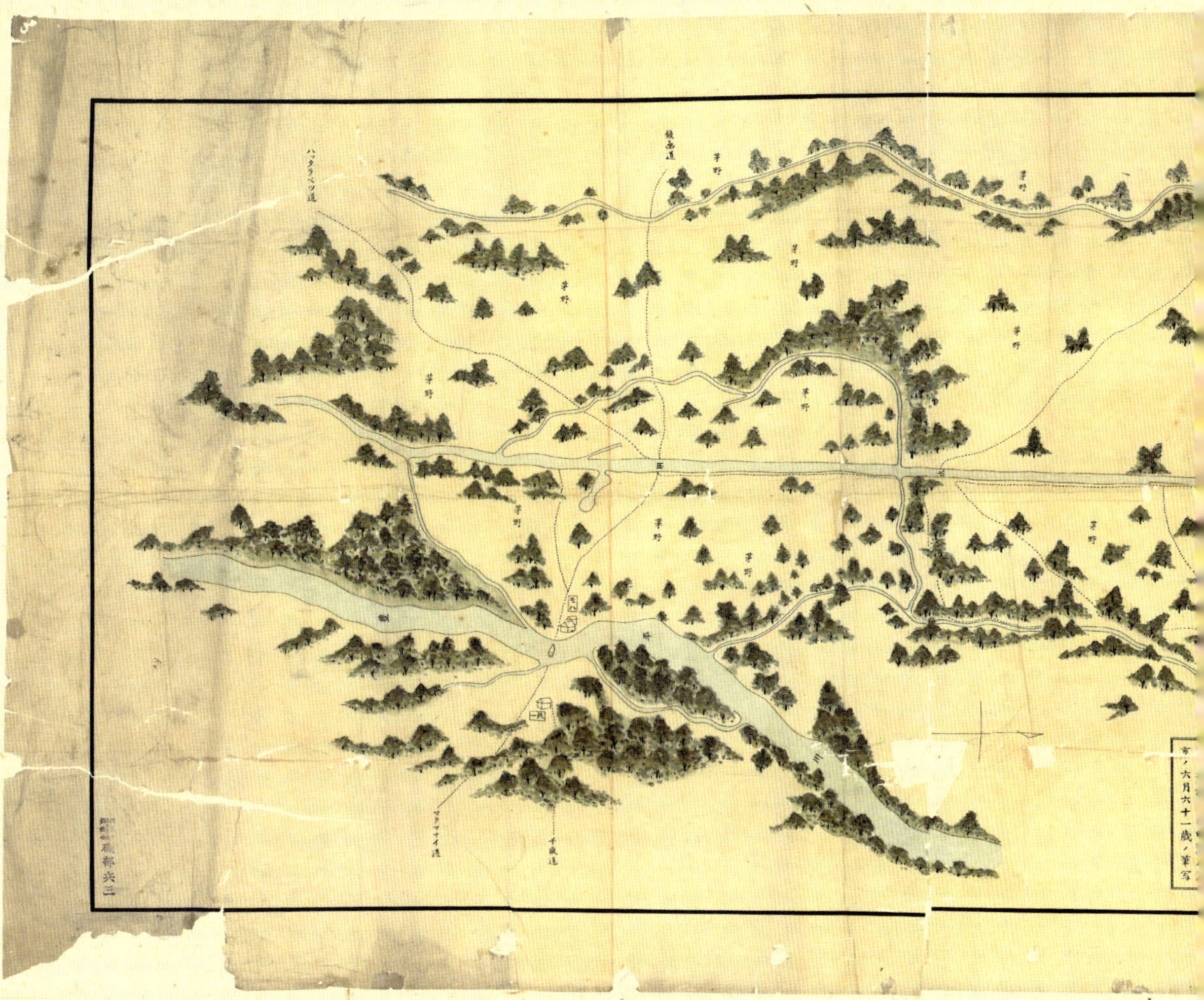

明治元年札幌地図

明治元年（1868）〈札幌市中央図書館〉

この図は、島判官に随行して札幌入りした開拓使営繕掛手代・高見沢権之丞が、「札幌本府」（現札幌都心部）の原風景を、明治8年に追想して描いた「明治二巳歳札幌之図（北大北方資料室蔵）」の元図となる印刷物。図は右が北で、茅野の中央を南北に横断するのが創成川。銭函道や千歳道などと記されている

た。島は政府に対して自らの罷免か予算の増額かと迫ったが、結果的に帰京の命令がくだり、陰暦二月十一日、札幌を去った。その後大学少監として東京滞在となり、官禄五百石の三分の一の終身下賜を受ける。

明治四年（一八七一）十二月に秋田県権令となって民政に意を用いたが、政府と対立して免官。同七年に佐賀に帰り、同年二月に佐賀憂国党の首領に推されて、江藤新平の征韓党とともに兵を佐賀に挙げ（佐賀の乱）、政府軍と交戦したが、敗れ斬罪に処せられた。［赤］

日本で太陽暦が採用されたのは明治五年（一八七二）のこと。同年の太政官布告第三三七号は「来ル十二月三日ヲ以テ明治六年一月一日ト被定候事」と改暦を告げ、同五年十二月二日までの太陰太陽暦は旧暦と呼ばれるようになった。

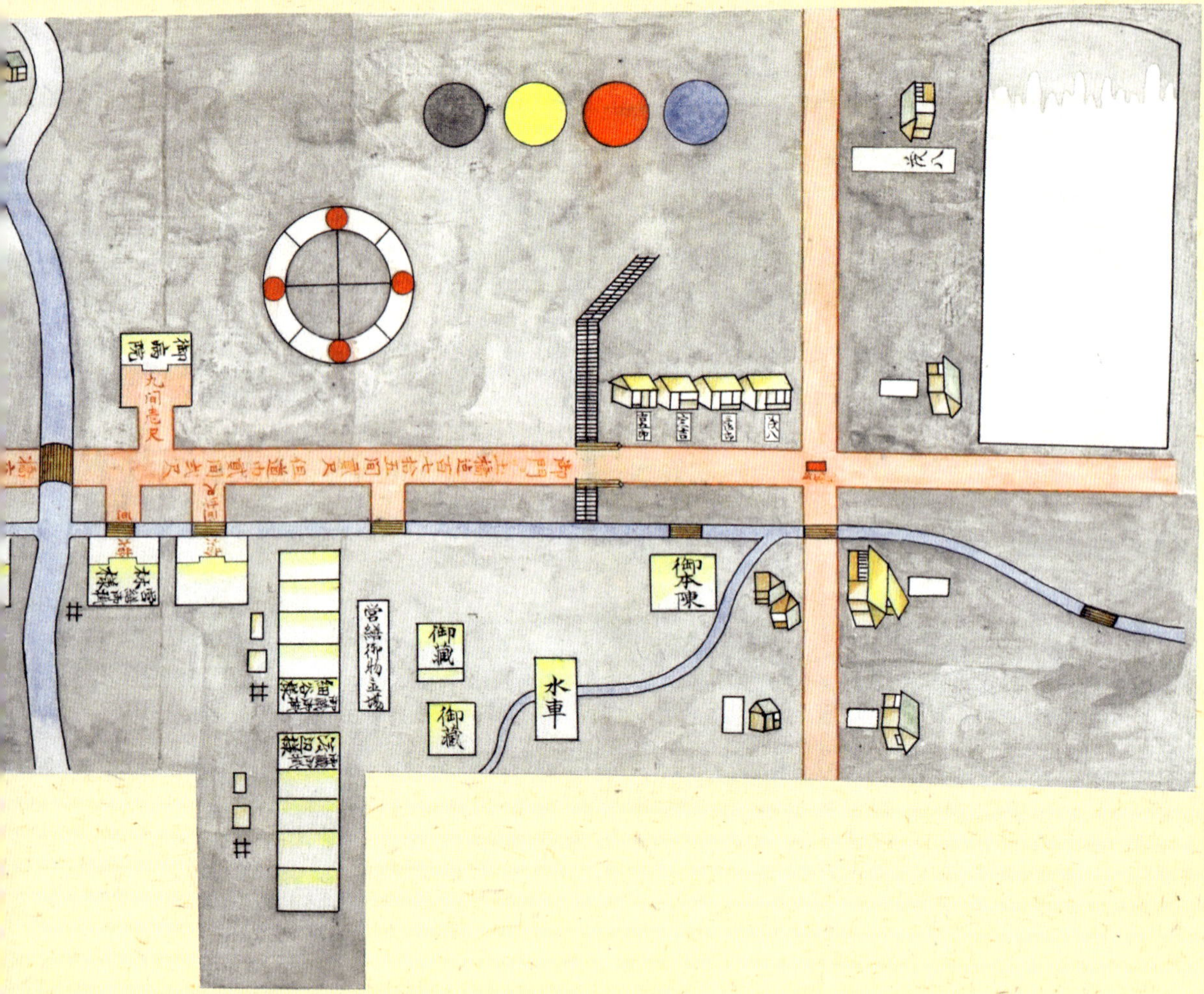

開拓使判官・岩村通俊

明治19年（1886）ころ

〈北海道大学附属図書館北方資料室〉

開拓使判官の後は、明治6年佐賀県権令、同10年鹿児島県権令などを経て、19年から21年まで初代北海道庁長官となる

島義勇の後任として札幌本府の建設に携わったのは、開拓使判官のひとりで、当時函館出張所詰めだった岩村通俊《みちとし》である。土佐藩の出身で、戊辰戦争には御親兵総取締役として北陸・東北に転戦した。

明治二年（一八六九）、箱館府権判事として函館に赴任。開拓使設置とともに開拓使判官となる。明治四年（一八七一）二月に札幌入りした岩村は、島の構想を一部変更しながら、市街地の基本的なブロックを六十間四方（約一一、九〇〇平方メートル）、その間に十一間幅（約二〇メートル）の道路を東西・南北に通す碁盤の目状とし、「大通」を挟んで南を町地（商店街）、北を官宅地と定めて着々と街づくりを進めた。

岩村は、創成橋や薄野（すすきの）、円山、苗穂、丘珠、白石などの名付け親としても知られ、新たな故郷を創生するために、移住者の物心両面に寄り添った人物だった。［赤］

札幌本府高見沢権之丞見取図

明治3年(1870)〈北海道大学附属図書館北方資料室〉

高見沢が描いた、明治3年までの創成川両岸の建設状況を示す図。右が南で、南北に横断する創成川と交差する右端の道路は南1条通り。創成川通りの西側(図の下方)には、集議所(左端のやや大きい建物)、中央を東西に流れる川(胆振川)の両側には病院、少主典の官舎が並ぶ。「御本陣」とあるのは官設旅館で、豊平川の渡し守だった志村鉄一宅を移築して転用したと伝えられ、明治5年7月には、南1条東1丁目に本陣が新築される。左側の「一之御宮」は、現北海道神宮の仮宮で、現北6条東1丁目辺に所在した

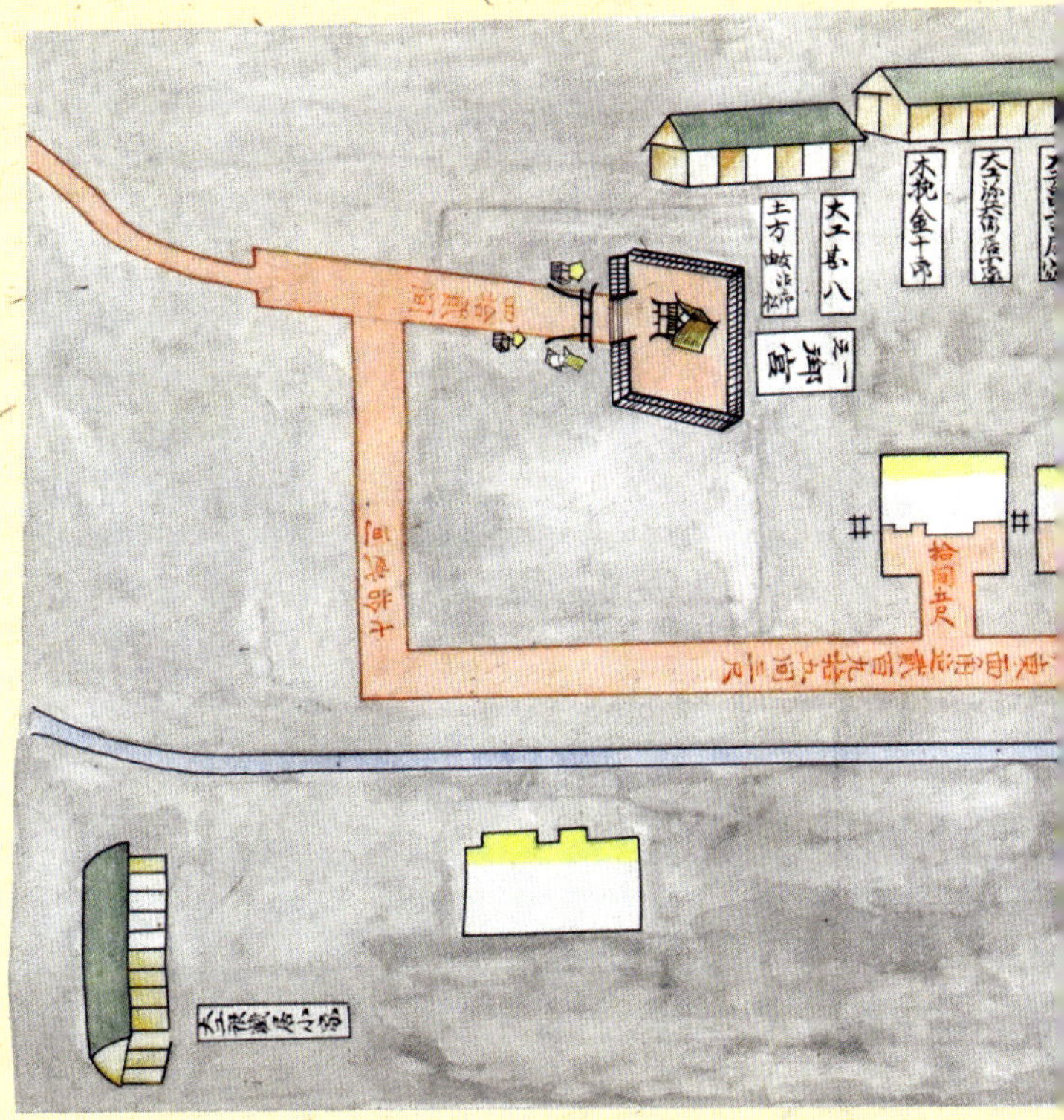

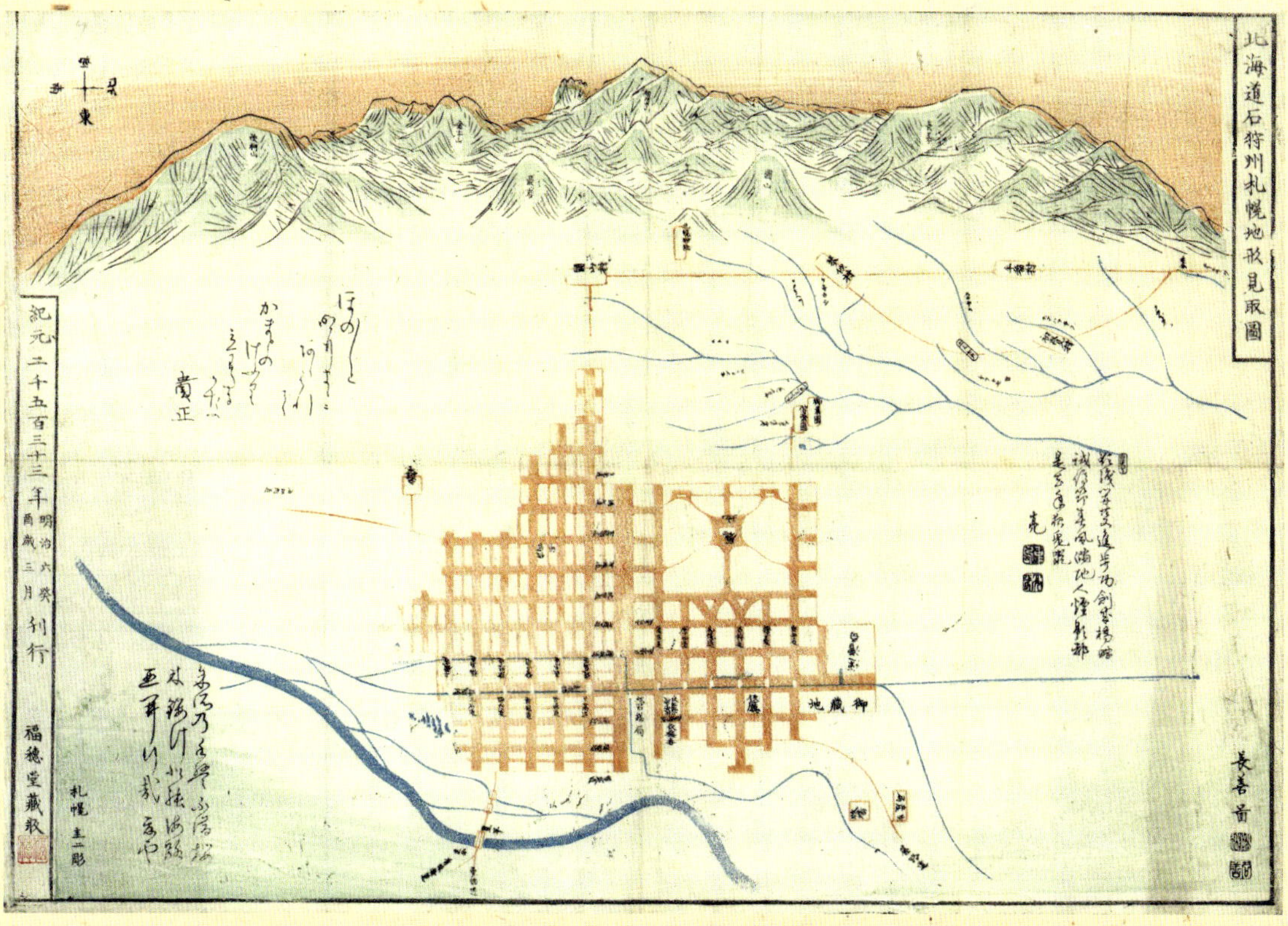

北海道石狩州札幌地形見取図

明治6年(1873)3月刊〈札幌市中央図書館〉

主要な道路には、明治5年9月の定めに従って道内の国郡名が割り振られ、6年7月6日に上棟地鎮祭が行われる開拓使本庁舎(落成は10月)の敷地は「庁地」と記され、時代の息吹を読み取ることができる

さっぽろの鳥瞰図

十九世紀後半から二十世紀初頭にかけて、安心で快適な交通手段として世界各地に鉄道網が整備されると、〝観光〟が新しい娯楽となった。日本でも明治三十九年（一九〇六）に鉄道国有法が制定され、主要私鉄の買収によって国有鉄道が全国各地に張り巡らされると、温泉や寺社巡りが人気となり、鉄道沿線の観光スポットを紹介するガイドブックが刊行されるようになる。この〝観光ガイドブック〟というニューメディアを彩ったのが、「大正の広重」といわれた吉田初三郎による鳥瞰図で、日本各地の風景があたかも鳥の目に映る景色のように描かれた。

初三郎の出世作は、皇太子（後の昭和天皇）に称賛された「京阪電車御案内」（大正二年・一九一三）で、以後鉄道開業五十周年を記念して刊行された「鉄道旅行案内」（大正十年・一九二一）の挿画でも人気を博した。

札幌に関係する最も早い作品は、大正七年（一九一八）に刊行された「定山渓温泉御案内」（大正十三年改訂）であった（巻末付録参照）。その後昭和六年（一九三一）に「札幌名勝案内」と「定山渓温泉電鉄沿線名所図絵」、昭和十二年（一九三七）には「石狩支庁管内鳥瞰図」、戦後の昭和二十五年（一九五〇）には「札幌市観光鳥瞰図」などを残している（巻末付録参照）。［赤］

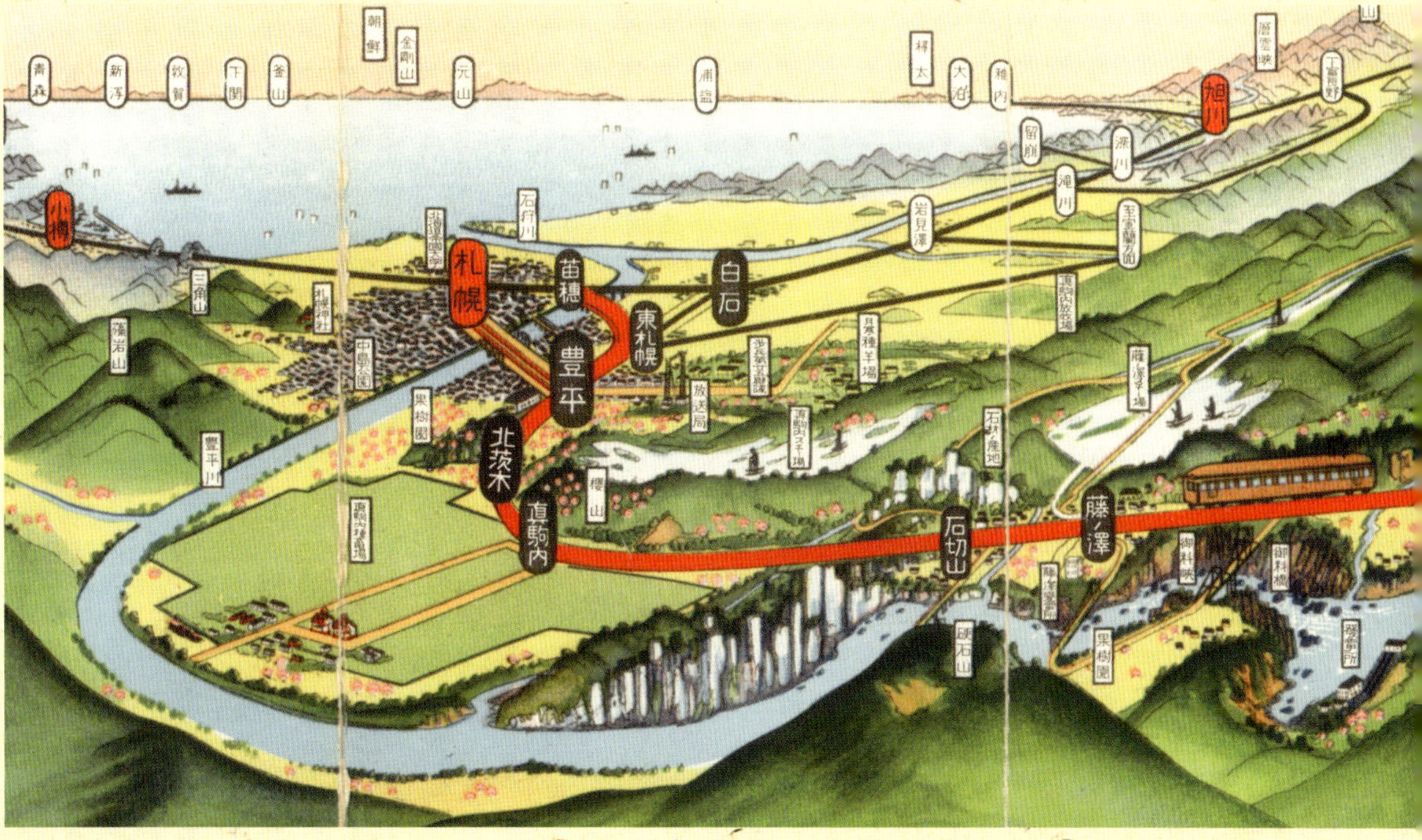

定山渓温泉電鉄
沿線名所図絵(部分)
昭和6年(1931)〈札幌市中央図書館〉

石狩支庁管内鳥瞰図(部分)
昭和12年(1937)〈札幌市中央図書館〉

世界の英知と開拓者が築く札幌の礎

黒田とケプロン

明治二年（一八六九）、政府はロシアの侵攻を恐れて、太政《だいじょう》官《かん》直属の開拓使を設置し、長官を諸省卿と同格とした。翌年二月、次官として起用されたのが黒田清隆である。黒田は翌三月に領有問題でロシアと対立していた樺太を視察し、国力の違いを痛感して戻り、欧州文化の急速な取り入れによって日本を変革することが急務と考えた。明治四年（一八七一）には米国に渡り、米国の技術援助によって北海道という眠れる大地を開拓したいと申し入れた。いかにも黒田らしい猛進ぶりだったようだ。その結果、米農務省長官のホーレス・ケプロンを開拓雇用として日本に招くことに成功した。

日本政府はケプロンに、北海道の地勢・地質・鉱山などの測量、道路・河渠の疎通、樹芸・牧畜・採鉱・漁労の事業費用の概算と事業実施を依頼し、必要ならば学術に通暁する外国人をさらに雇用する姿勢を見せた。北海道の将来はすべてケプロンに任せたような内容だった。ケプロンは北海道という大地に、自在に自らの夢を創り上げるという喜びを感じたに相違ない。彼は次のような条件を出し、日本政府はこれに応じた。

①年俸は一万ドル
②旅費・食費などの一切の費用
③相応の宿舎とガードマンの給付などの貸与
④諸学術に優れた外国人を選びケプロンの補佐とすること

年俸一万ドルは太政大臣の年俸と同額である。加えて日常の生活費はすべて国の負担だから、その額はいかほどになっただろう。洋風の食事、洋風の服装、洋風の住居などすべてこれまでの日本には存在しないものであり、シャツの仕立てや洗濯さえも当時の日本の職人では無理だった。食事は横浜で日本人コックをあらかじめ仕込み、札幌視察の折は八人を伴って来道している。ケプロンは明治四年（一八七一）に来日し同八年（一八七五）に帰国するまで、札幌と北海道の開拓の大綱を指揮した。

ほかに、明治九年（一八七六）には清国山東省から農民十人を呼び、住宅・農具・農耕馬を貸与し、畑作と養蚕の技術を彼らから習得すると共に労働力を補った。報酬は年俸六十九円。これは当時の小学校教員の初任者と同じだった。のち契約が終わって八人は帰国したが二人は帰化した。うち許士泰は札幌の行政・福祉等に大きく貢献した。

明治四年から同八年まで雇い入れた外国人は二十四人。その職務は開拓使の顧問役として開拓の基本計画を策定した者のほか、洋型船乗組員、女学校教師等がいる。明治八年（一八七五）までには任期満了で帰国している。ケプロンも在職四年五カ月、滞日四カ年で、明治八年五月、任期満了で帰国。ただ園芸技師のベーマーは明治十五年（一八八二）まで十年五カ月滞在して草木培養の指導を行った。

明治八年以降の雇い入れは四十二人。この中に、清国の農民やクラークもいた。

初老と言っても良い年齢ながら、日本近代化の先駆として日本で過ごしたケプロンと彼に私淑していた黒田清隆（のちに日本の総理となる）の二人の銅像は、大通公園に大きく並び立っている。［朝］

開拓使仮庁舎（現北4東1）
明治4年（1871）
〈北海道大学附属図書館北方資料室〉

本陣と創成橋の建設
明治4年（1871）
〈北海道大学附属図書館北方資料室〉

脇本陣（現南１西３）
明治5年（1872）
〈北海道大学附属図書館北方資料室〉

お雇い外国人は当初ケプロンの助手

ケプロンは、農業・鉱業・運輸など開拓に必要な人材を助手として選考し、日本に同行させた。彼らの俸給は日本政府が支払ってはいたが、指揮はケプロンの下にあった。彼らとは別に、国や地方の団体と契約して来日した者の数も次第に増えていった。

彼らが故郷を離れ、都市施設さえほとんど整っていない札幌に来たのは、一つは元々意気に感じてだったが、さらには報酬の良さもあっただろう。ちなみにそれを日本政府の役職と比べてみると、表のようになる。

当時の一ドルは現在の価格だとおよそ一万円と見て良いが、生活物価が今とは極端に違っている。［朝］

報酬額（円）	日本	他国
10,000		ケプロン
9,600	太政大臣	
7,200	左右大臣	クラーク
7,000		ライマン（地質・鉱物）
6,000	参議・各省卿 （開拓長官）	
4,800	次官（黒田）	クロフォード（鉄道）
4,000		アンチセル（地質・鉱物） ワーフィールド（測量）
3,000	判官	
72	開拓使最下級の官員	
69	小学校教員初任者	清国農民

注：明治9年の『貨幣便覧（林為理編）』によると、当時の1ドルは1円とみなされていた。

2016年の総理大臣の給料はおよそ年4000万円。米1俵（60kg）は明治のはじめは1円前後だったが、近年は15000～20000円程度。札幌市の小学校教員の初任給はボーナスを入れておよそ年300万円と、1円（1ドル）の価値は、4千倍から4万倍になっている。

開拓使本庁分局（迎賓館）
明治6年（1873）〈北海道大学附属図書館北方資料室〉

札幌工業局事務所
明治10年（1877）ごろ〈北海道大学附属図書館北方資料室〉
現在北海道開拓の村で保存。平成25年に国の重要文化財に指定された

札幌工業局器械所
明治10年（1877）ごろ
〈北海道大学附属図書館北方資料室〉

都市の建築には二つの種類がある。一つは、都市の建築を代表する官公庁や商業施設などの「晴れ着」的な建築であり、もう1つは、個人住宅に代表され、地味な「ふだん着」的な建築である。

「わが国の建築は、幕末の開国によって西欧文明の洗礼を受け、大きく変革する。洋風建築が文明開化の象徴とされ、洋式の装いが晴れ着建築の条件となる。また洋風建築の多寡が都会性の尺度となり、ふだん着建築への洋風要素の浸透速度が建築近代化の主要指標となる」（さっぽろ文庫23『札幌の建物』から）

こうした晴れ着建築を代表する旧開拓使札幌本庁舎や旧開拓使工業局庁舎をはじめ、明治のふだん着的建築の数々が北海道開拓の村（厚別区厚別町小野幌50−1）に復元や移築されている。

開拓使から北海道へ

■明治六年（一八七三）十月、開拓使本庁舎が完成（明治十二年焼失）。
■明治十五年（一八八二）二月、開拓使を廃して、札幌・函館・根室の三県を置く。
■明治十九年（一八八六）一月、三県を廃し、北海道庁となる。

開拓使札幌本庁上棟式
明治6年（1873）〈北海道大学附属図書館北方資料室〉

完成直後の北海道庁庁舎
明治22年（1889）ごろ〈北海道大学附属図書館北方資料室〉

復元された開拓使札幌本庁（北海道開拓の村）

平成20年（2008）

この庁舎は明治12年に焼失した。北海道庁の頂にそびえる八角塔（ドーム）は、明治6年（1873）に開拓使顧問ケプロンの計画によって建てられた開拓使札幌本庁舎の八角塔を模したもので、当時のアメリカでは、独立と進取のシンボルとして流行した様式。明治21年、「赤れんが」の愛称で親しまれる新庁舎の建設に当たり、初代長官岩村通俊が開拓使本庁舎の八角塔をしのび、継承されたという

■明治二十一年（一八八八）十二月、赤れんが庁舎落成。
■明治二十八年（一八九五）赤れんが庁舎の中央ドーム撤去。
■明治四十二年（一九〇九）一月十一日、赤れんが庁舎内部を全焼。

明治42年の道庁火災を伝える絵葉書

〈函館市中央図書館〉

赤れんが庁舎は、明治42年（1909）1月11日午後6時過ぎに、地階の印刷所から出火。内部を全焼したが赤れんがの壁には損傷がなく、アメリカ風ネオ・バロック様式の外観はそのままに復旧された

「札幌名勝」道庁と前庭

昭和前期〈北海道立図書館〉

道庁の庭は、市民の憩いの場として親しまれていた

道庁正門前の木レンガ舗装道

昭和初期〈函館市中央図書館〉

赤れんが庁舎の中央ドームは、明治28年（1895）に撤去されたが、開道100年を記念して昭和43年（1968）に復元された。現在、赤れんが庁舎正面左手に、オンコの巨木が立っているが、この木はかつて真駒内種畜場の事務所玄関前にあった2本のうちの1本である。昭和39年に事務所をエドウィン・ダン記念館（南区真駒内泉町1）として移築する際、1本は赤れんが庁舎正面に、もう1本は事務所とともに移植され、今ではオンコの幹から桜の枝が伸びた「オンコ桜」として親しまれている。

道庁正門とポプラ

昭和初期〈北海道立図書館〉

絵葉書のタイトルは「巨人の面影」。のびやかな時代の空気が感じられる

道庁と真駒内から移植されたオンコ（左）

平成29年（2017）

移植から50年余り、今では正門を飾る巨木となっている。中央ドームは昭和43年（1968）に復元されている

道庁の池で憩う人々

昭和初期〈北海道立図書館〉

札幌区から札幌市へ

■明治十二年（一八七九）十二月、札幌区庁舎落成（南2西5）。
■明治十七年（一八八四）二月、市街地のみを札幌区と改める。
■明治二十三年（一八九〇）、大通西三に新区庁舎が完成（明治二十五年焼失）。
以後大火などで再々の転居。
■明治三十二年（一八九九）九月、自治制施行による札幌区となる。
■明治四十二年（一九〇九）八月、新区庁舎落成（北1西2）。
■大正十一年（一九二二）八月、札幌・函館・小樽などに市制施行。

明治42年落成の
札幌区役所（北1西2）と時計台
明治末期
〈東北芸術工科大学東北文化研究センター〉

札幌区役所と明治44年落成の札幌郵便局
大正初期〈札幌市中央図書館〉
区役所前を馬鉄が走っている。西3丁目に馬鉄が走ったのは大正元年（1912）8月24日から同3年7月3日までと短期間で、貴重な写真である

裏焼きのまま刊行されてしまった絵葉書

右の絵葉書の実物は、このように裏焼きのまま刊行されていた

日本で絵葉書が発行されるようになったのは、明治33年（1900）10月の逓信省令で私製絵葉書が許可されたことに始まる。『明治事物起原』（明治41年刊）によれば、私製絵葉書は「同五日発行の『今世少年』第一巻九号に、石井研堂案、小島沖舟筆、二少年シャボン玉を吹く図の彩色石版摺絵葉書を付録口絵として読者に頒」ったのが始めとある。

一方、官製絵葉書は明治35年（1902）6月20日に逓信省が、日本の万国郵便連合加盟25周年の祝典記念の絵葉書を発行したのが始まりとされている。

その後、日露戦争の凱旋式典や凱旋行進などを題材とした絵葉書が流行して、本格的な絵葉書ブームが起こった。

旧札幌市役所（北1西4）

昭和46年（1971）〈北海道新聞社〉

明治時代は自治組織の揺籃期で、明治32年（1899）の自治制施行までは、札幌の行政は道庁の一出先機関の「札幌区」などが担っていた。明治12年に札幌郡全域を所管する郡区役所が南2西5に新築され、明治23年には大通西3に新たな庁舎が完成するも25年の大火で焼失。以後35年、40年の大火にも罹災するなど借地借家を転々とし、明治42年（1909）に北1西2、現在の市役所駐車場の位置に、木造2階建ての新庁舎が落成した。建物の両翼の八角の張り出しや、中央のマンサード・ルーフが特徴的だった。

大正11年（1922）に市制が敷かれ札幌市が誕生。昭和12年（1937）には、北1西4に鉄筋コンクリート造4階建ての新庁舎が竣工した。その後札幌市は飛躍的な発展を遂げ、昭和46年（1971）には今の高層の市庁舎に変わった。

札幌農学校

開拓使は、北海道開拓に役立つ人材を養成するため、明治四、五年（一八七一、七二）の二年間に三十名以上の留学生を欧米に派遣し、農学・鉱山学・工学などを学ばせた。一方、明治五年三月には、東京芝増上寺内に、将来北海道に設置することを前提に「開拓使仮学校」を設置。ただ、留学生については、文部省の官費留学生整理の方針によって業半ばで帰国させられ、当初計画の人材養成は実らなかった。

四月十五日に開校した仮学校の定員は、学費・生活費等を支給される官費生が五十人、私費生五十人の計百人で、修学後官費生は十年間、私費生は五年間、北海道開拓に従事することが義務づけられていた。しかし、八月に公布された学制で、文部省からの官費による生徒教育は廃止となった。これに開拓使は、仮学校の生徒は「名ハ生徒ニシテソノ実ハ附属或ハ職人ト云モ可ナリ」と主張して難局を乗り切ったが、明治六年（一八七三）三月には組織再編を理由に閉鎖を余儀なくされた。そのため開拓使は学校の組織・規則等を改正し、同年四月二十一日、改めて開校した。この再度の開校時に入学したのは、かつての生徒のうち三十六名と、生徒は大幅に減少した。

明治七年（一八七四）十二月、開拓長官となった黒田清隆は札幌に農学専門科の開設を決め、八年八月教員・生徒は札幌に移り、校名も「札幌学校」と改称した。明治九年（一八七六）三月三日には、マサチューセッツ農科大学学長のウィリアム・S・クラークと雇用契約が結ばれたが、学長の職を長期に休むことは許されず、契約期間は一年と決まった。

専門科への進学試験はクラークらにより行われ、札幌学校の生徒十二名と、東京英語学校等の十一名が合格して、札幌農学校（校名は九月八日変更）第一期生となった。〔朝〕

農学校の演武場と北講堂

明治22年(1889)以後〈北海道大学附属図書館北方資料室〉

札幌農学校全景

明治12年(1879)〈北海道大学附属図書館北方資料室〉

中央の通りは現在の北1条通り。左上には北講堂、右隣に演武場、寄宿舎とつづく

【札幌農学校の沿革】

明治五年（一八七二）、開拓使仮学校
明治八年（一八七五）、札幌学校
明治九年（一八七六）、札幌農学校
明治三十六年（一九〇三）、北八西五の新校舎に移転
明治四十年（一九〇七）、東北帝国大学農科大学
大正七年（一九一八）、北海道帝国大学
昭和二十二年（一九四七）、北海道大学

開拓使博物場開業式

明治15年（1882）〈北海道大学附属図書館北方資料室〉

明治15年、現在の道庁西部の牧羊場に開拓使博物場が建てられ、同17年に牧羊場は植物園用地として農学校に移管された

札幌農学校は、明治36年（1903）7月30日に現在の北大キャンパスの場所に移転した。新たな移転先には続々と新校舎が建設された。なかでも八角ドームの時計塔がある農学講堂は威容を誇っていた。現在も旧昆虫学講堂（明治34年落成）と旧図書館（明治35年落成）は、往時の姿をとどめている。

一方、移転後の演武場と旧校地は後に札幌区に貸与された。

完成直後の農学講堂

明治35年（1902）〈北海道大学附属図書館北方資料室〉

農学校付属博物館（植物園内）

明治30年（1897）ごろ

〈北海道大学附属図書館北方資料室〉

完成直後の動植物学講堂

明治35年（1902）〈北海道大学附属図書館北方資料室〉

札幌の精神的支柱・クラーク博士

札幌農学校の開校式にあたってクラークは、節制を守り、大望を抱いて勉学し、社会的に重要な役割を果たす人物になれと生徒たちに訴えた。またクラークは、聖書によらずに道徳を教えることは不可能との信念から、授業の前に聖書を講じ、入信を決意した生徒はクラークの起草した「イエスを信ずる者の契約」に署名した。その中には第一期生の大島正健、クラークが札幌を去った五カ月後に入学した二期生の内村鑑三、宮部金吾、太田（新渡戸）稲造ら三十一人が名を連ねている。

クラークが札幌を去った明治十年（一八七七）四月十六日は、農学校は臨時休校となり、職員・生徒一同は札幌近郊の島松（現北広島市）まで見送った。別れに際し、馬上のクラークは生徒たちを顧みて、あの有名な一言 "Boys, be ambitious." と語り、馬に鞭を当て去っていったという。［赤］

初代教頭W.S.クラーク博士
明治10年（1877）
〈北海道大学附属図書館北方資料室〉

北大構内のクラーク像 平成22年（2010）
大正15年（1926年）に建立されたが、昭和18年（1943）に金属供出のため撤去。昭和23年（1948）に再建された

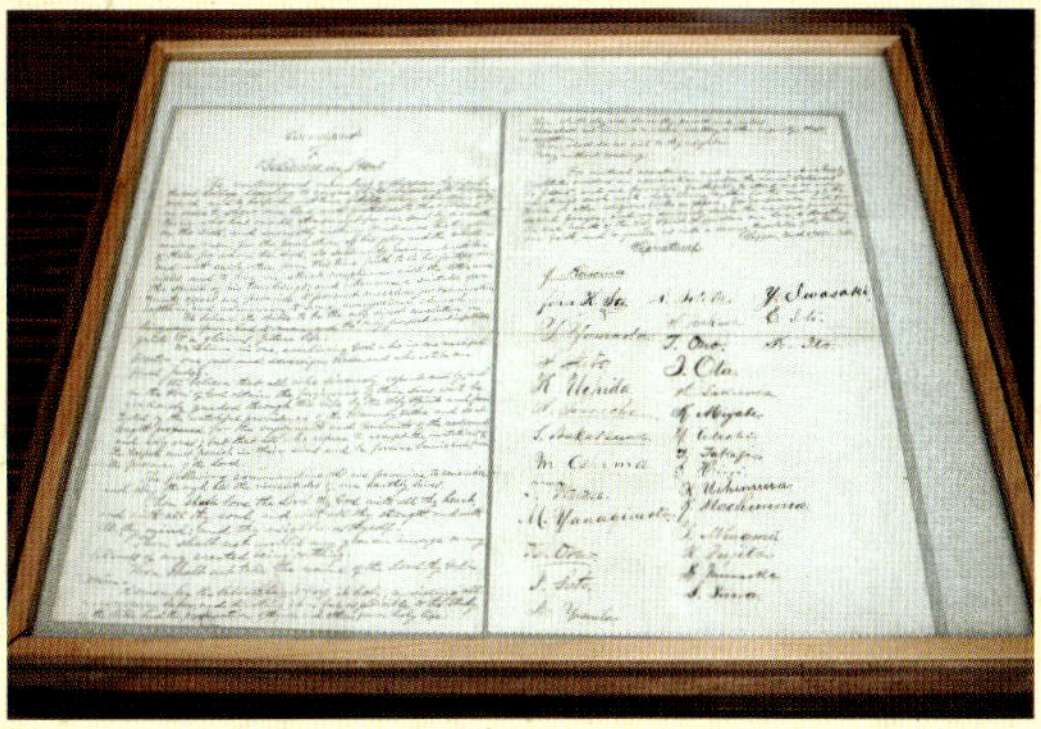

イエスを信ずる者の契約

〈札幌独立キリスト教会〉

日本プロテスタント史は、横浜・熊本・札幌を三大起点としている。いわゆる札幌バンドは、ウィリアム・スミス・クラークの直接・間接の影響下に生まれたキリスト者青年集団のことである。「バンド」とは、当時英米圏で伝道熱心な青年集団というほどの意味で使われていたもの

第1期生と アメリカ人教授たち

明治10年（1877）

〈北海道大学附属図書館北方資料室〉

洋造弐邸（御雇教師館）

明治6年（1873）〈北海道大学附属図書館北方資料室〉

ケプロンらの来札時の宿舎として建設。後に増築されて農学校の北講堂として使われたが、明治20年焼失

歴史に現れた「サッポロ」

「サッポロ」の名が日本の歴史にデビューしたのは、享保《きょうほ》十六年（一七三一）に刊行された「津軽一統志《つがるいっとうし》」だという。寛文《かんぶん》九年（一六六九）六月、シブチャリ（新ひだか町静内地区）を中心に起こった「シャクシャインの戦い」に援兵を出した津軽藩が、蝦夷地探索のために送った隠密・牧只右衛門の記録の一部に伝聞として記されている。要約すると「石狩の湊口から一里ほど（川を）登ると、『ハツシヤブ』（発寒川の河口）があり、ここから二里ほど登ると『サツホロ』（川）というところにアイヌが住んでいる。この『サツホロ川』の支流に、縦横半里ほどの沼がある」という。

豊平川は、一八〇〇年頃に対雁《ついしかり》（江別市）に流れを変えるまでは、現在の伏古川を本流としていた。ここで「沼」とあるのは、現在の「モエレ」のあたりと思われる。

松前藩が元禄《げんろく》十三年（一七〇〇）に幕府に提出した「元禄国絵図」は、最も古い蝦夷図の一枚で、これにも「志やつほろ（サッポロ）」の地名が見える。

下の三枚は同時代の西洋の地図。北海道に対する認識は松前藩より深い。［赤］

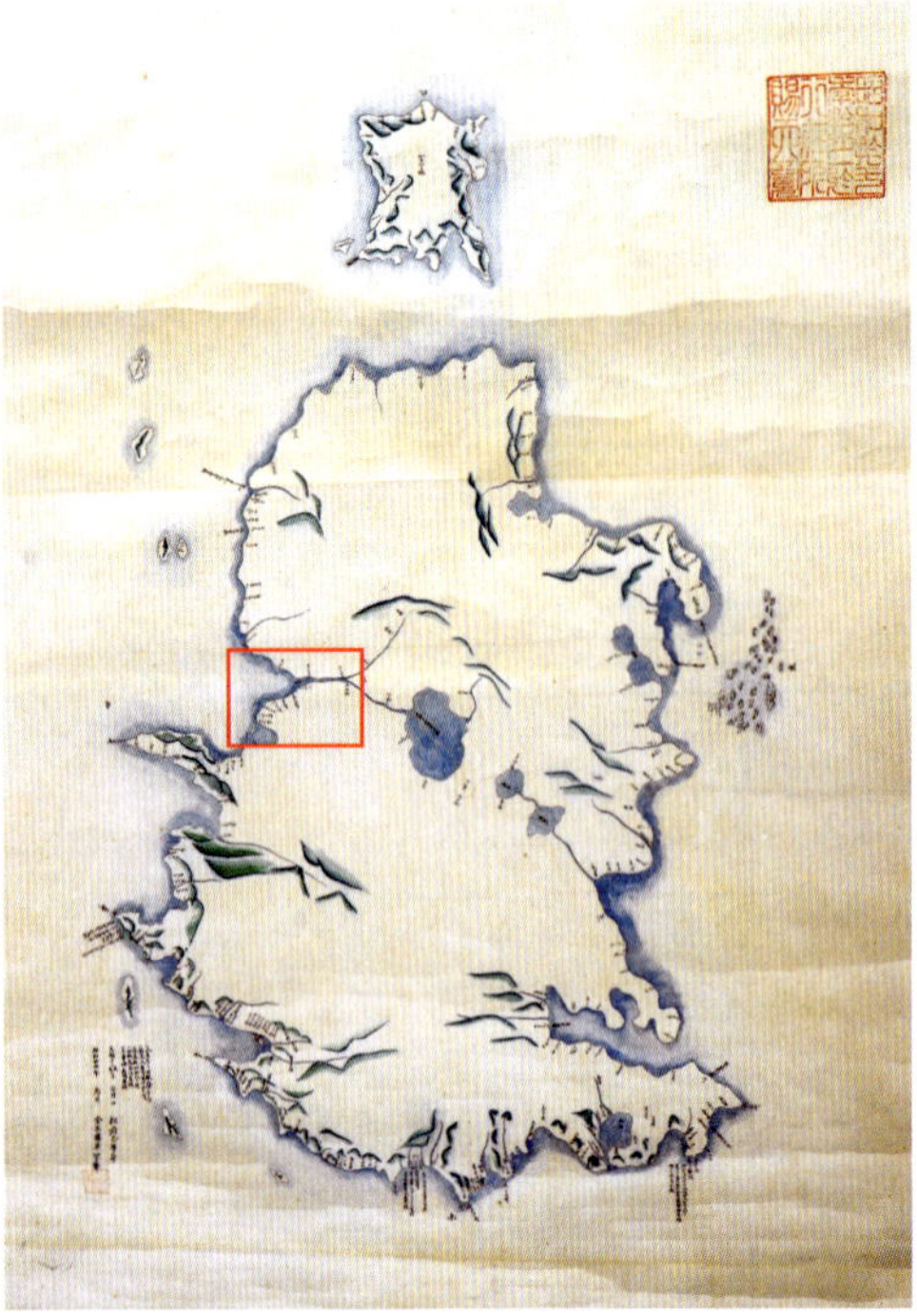

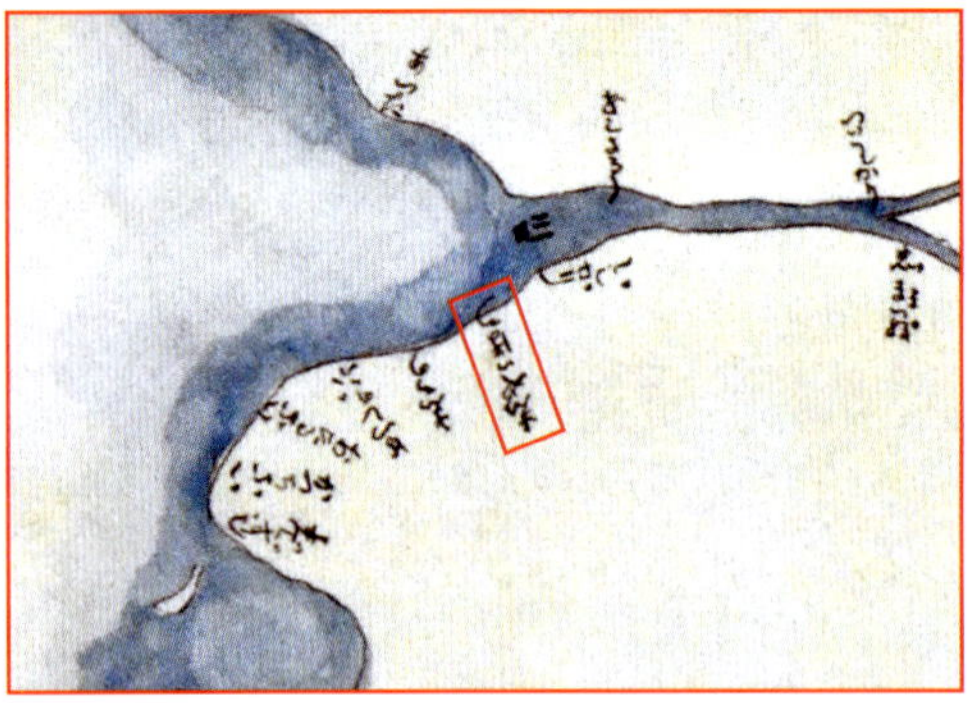

元禄国絵図〈複製〉

元禄13年（1700）〈北海道大学附属図書館北方資料室〉

上図の赤枠を拡大したのが下図。「志やつほろ（札幌）」「いしかり（石狩）」、「おたるない（小樽）」、「あつた（厚田）」などの地名がみえる

日本諸島および周辺中国沿岸地図

1736年〈放送大学附属図書館〉

北海道、サハリン、カムチャツカがひとつの半島として描かれている

日本国エゾ新詳細図

1652年ごろ〈放送大学附属図書館〉

初めてイェゾ（北海道）南部などの海岸線が実地調査された歴史上重要な日本地図

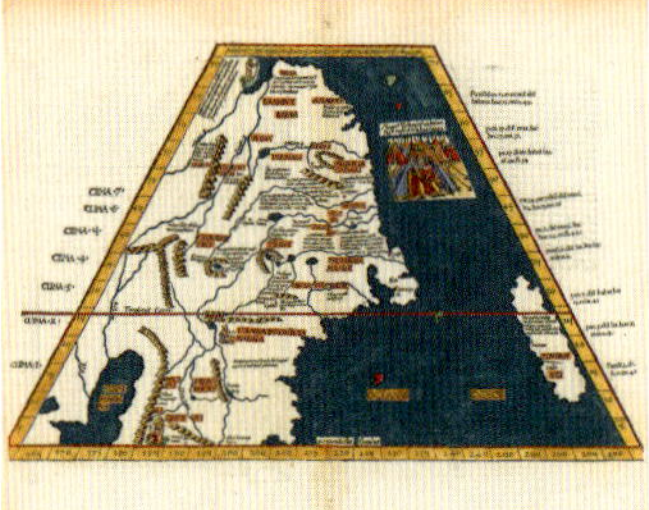

インド図

1525年〈放送大学附属図書館〉

最も古い極東詳細図のひとつ。日本は北回帰線（赤線）の右端の上下に長い島「ジパングリ」として描かれている

第一章

札幌駅前通り

札幌の主軸

札幌駅前通りは、札幌の街を貫く芯のような道路である。この主軸道路から左右へ東西に伸びる道路が、それぞれの個性をきらめかせながら札幌の市街を創り上げていった。

この道が札幌の主軸になることを、土地割りをした島義勇も黒田清隆も、考えてはいなかった様子が見える。しかし、鉄道が敷かれて、人の動きや物の動きが創成川ではなく鉄路中心になってからは、否応なくこの道こそがメインになった。開拓使の心境も、道沿いの庶民の営みにつられて変化したのではないだろうか。

この道はまず、札幌駅からすすきの交差点までとされた。つまり北端は駅、南端はすすきのの遊廓大門で、それぞれその先がふさがれていたからだ。

札幌の探索は、この大路とそこから広がる東西の道という骨格の探査から始めてみたい。

駅前通りは、元々は停車場《ていしゃば》通りと呼んでいた。

明治十三年（一八八〇）、最初の札幌駅が完成。ここから中島公園まで南北に真っすぐに伸びていた道が、停車場通りと呼ばれるようになった。以来ずっと札幌を代表するメインロードとしての地位を保ち続けて

いる。しかし駅が何度も建て替えられ、かつての面影が全く消えてしまったように、駅前通りの貌《かお》もがらりと変わってしまった。かつての姿を覚えている人にとっては、今は全く違う市街を眺めるようである。昭和三十年代の初めごろまでは、明治末から昭和初期の間に建てられた洋風木造の建物などがしっかり残っていて、独特の景観を醸し出していたものだった。

駅に降り立った来訪者の目にまず映るのが、駅前広場の西側に立つ「鉄道管理局」（今で言えばJR北海道本社）。ドーム型の塔を正面にすえた、イスラムの教会のような大型の建物であった。これに並んで駅前通りの西四丁目側には白いペンキの洋風木造の「鉄道集会所」、さらに札幌随一の和風旅館「山形屋」があった。山形屋には屋根の上に小さな展望座敷が設けられていた。当時唯一の洋風ホテルであった「グランドホテル」もすぐ隣。両宿泊施設共に貴賓金満の人の場のようで、庶民にはまぶしい存在だった。

駅前通りの東の列は、赤れんが造りのデパート「五番舘」がまず駅そば、続いて保険会社や商事会社の入ったビル等のほか、飲食店や眼鏡店などの小売店が櫛比《しっぴ》して、大通公園角の「拓殖銀行本店」、さらに三越百貨店と続いた。この道の中央部は南北に市電が走り、人の流れを左右に分けていたが、道の西側は事務所風、東は商店風だったので、人通りはもっぱら東側に集中していたように思う。

このような建物は戦後しばらくの間残っており、もしそのままの位置に現存していたら、独特のコロニアル風の街並みが札幌の顔になったのになあと思う。

だが今は、地上の景観はすっかり変わり、それどころか、人の流れはチカホ（地下歩行空間）とポールタウン（商店街）に移って、駅からすすきのまで地上を見ずに行けるようになった。〔朝〕

札幌停車場前
大正後期〈札幌市中央図書館〉
右手のドームは、大正5年（1916）落成の北海道鉄道管理局。駅前広場の日陰には人力車が並ぶ。停車場通りには鉄道集会所や五番舘の屋根も見えている

札幌駅前

札幌駅前広場

昭和29年（1954）〈北海道新聞社〉

札幌停車場よりも札幌駅の呼称が似合う4代目の駅舎。昭和27年12月の開業。昭和40年に5階建てに増築されるとともに外壁も藍色に変わった。平成2年には5代目の高架駅が全面開業する

スト規制法反対の銀輪デモ

昭和28年（1953）〈北海道新聞社〉

昭和27年（1952）の賃金闘争で、国民生活に重大な影響を与えたとして、電気事業と石炭鉱業のスト規制法が提案され、反対する市民がデモ

駅前通りに並ぶ靴磨き

昭和27年（1952）〈北海道新聞社〉

駅前通りの風物詩、路上で営業する靴磨きの職人技は、営業マンなどの身だしなみを支えていたが、道路舗装の普及とともに姿を消した

駅前にひしめき合う客待ちのハイヤー

昭和32年（1957）〈北海道新聞社〉

昭和29年からの神武景気は、テレビ（白黒）・洗濯機・冷蔵庫が「三種の神器」、1960年代半ばにはカラーテレビ・クーラー・自動車が「新・三種の神器」と言われ、消費社会・車社会が到来する

札幌駅前のネオン群

昭和32年（1957）〈北海道新聞社〉

札幌にネオンサインが灯ったのは、昭和2年すすきののカフェ・エルムだった。最初は店名などの文字表示だけだったが、昭和30年ごろからはカラフルな光が走る大型ネオンが市民の目を楽しませた

札幌駅地下道出入り口

昭和33年（1958）〈北海道新聞社〉

4代目の駅舎の開業とともに地下にはステーションデパートがオープンし、地下街時代の先駆けとなった

建設ラッシュがはじまった駅前通り

昭和33年（1958）〈札幌市公文書館〉

昭和20年の札幌の人口は22万人。高度成長の中で爆発的に増加した市民は、昭和45年に100万人を突破して日本屈指の大都市に成長し、同47年冬季五輪の年に政令指定都市となった

防火パレードを行く蒸気ポンプ

昭和39年（1964）〈北海道新聞社〉

馬に引かれて防火パレードに加わった消防用蒸気ポンプ。手押しポンプの数倍の威力を発揮する蒸気ポンプは、大正時代に日本各地で導入された

駅前通りにあふれるタクシー

昭和40年（1965）〈北海道新聞社〉

交通地獄の恐怖に人々がおびえ始めたのもこのころ

札幌駅前

連結電車が行く

昭和44年（1969）〈北海道新聞社〉

戦後の高度成長は、駅前通りをビル街に変え、急増する市民は郊外に住まいを求めた。連結車の登場は、街の発展のシンボルのようで誇らしげに見えたものだ

現在の札幌駅とJRタワー

平成21年（2009）〈札幌市公文書館〉
足がすくんだテレビ塔からの眺望、雲を突くと見上げた市役所、そんな驚きも地上160mのJRタワーの展望室からは眼下の風景だ。新幹線時代にはどんな驚きが待っているのだろう

駅前通りと街路樹

平成18年（2006）〈北海道新聞社〉
駅前通りにニセアカシアなどの街路樹が植えられたのは明治18年（1885）のこと

西5丁目陸橋

昭和33年（1958）〈北海道新聞社〉
昭和7年12月に竣工した西5丁目の跨線橋は、札幌初の立体交差。函館本線に阻まれ、人道橋を渡って乗り換えていた市電・鉄北線の不便は解消され、北へ北へと住宅街が拡大する原動力となった

駅弁売り

平成13年（2001）〈札幌市公文書館〉
札幌駅で駅弁がはじめて売られたのは明治23年（1890）4月のこと。当初は弁当・すし・饅頭の呼び売りだった。鉄道弘済会の構内売店の第一号は昭和11年（1936）8月に開業した

札幌停車場時代

停車場とは、旅客の乗降、荷物の積み下ろし、列車の組成、車両の入れ換え、行き違い、もしくは待ち合わせなどを行う場所の総称として使われていた。

昭和十一年（一九三六）九月、鉄道省の職制改正で、旅客が乗降する場所や荷物の積み下ろしをする場所を駅、列車の組成や車両の入れ換えを行う場所を操車場、行き違いや待ち合わせ、常置の信号機を取り扱う場所を信号所と定めたが、その区分は市民には浸透しなかったようだ。現在も北五条から北一条までの札幌駅前通りの正式名称は、「北海道道18号札幌停車場線」である。

札幌～手宮（小樽）間の汽車運転式は、明治十三年（一八八〇）十一月二十八日。弁慶号が三両の客車を引き、午前九時に手宮を出発して正午に札幌に到着した。生活物資の輸送を船便に頼っていたところに鉄道が開通して、物価が下がり永住者も増えたという。［赤］

明治41年落成の
3代目札幌停車場

昭和初期〈函館市中央図書館〉

右手に並ぶのはフォードだろうか。札幌で自動車を使ったハイヤー・タクシーの始まりは、大正7年（1918）に開かれた開道50年を記念した北海道博覧会の来賓の送迎だった

停車場構内

明治15年（1882）ごろ〈北海道大学附属図書館北方資料室〉

初代の仮停車場に関する写真等は残っていないが、本屋が11坪（36.3㎡）、荷物庫28坪（92.4㎡）、石炭庫と水槽が各1基と小規模だった。

開拓の村に復元された
3代目駅舎

平成20年(2008)

2代目停車場

明治後期〈函館市中央図書館〉

2代目の停車場は明治14年(1881)12月に竣工、211.3坪(697.3㎡)余りの平屋建ての洋風建築。雨天でも乗降客が濡れない配慮や待合室などの設備が充実した。広場には人力車が客待ちをしている

停車場と路線バス

昭和初期〈東北芸術工科大学東北文化研究センター〉

右手にバスが並んでいる。札幌で本格的にバスが運行されたのは大正12年（1923）のこと。山鼻～北大病院間と札幌駅～元村入口間の2路線だった

鉄道管理局と北5条通り
昭和初期〈函館市中央図書館〉

鉄道管理局
昭和29年(1954)〈札幌市公文書館〉
大正5年(1916)に落成した北海道鉄道管理局は、戦後の組織改変で札幌鉄道管理局と名称を変えながらも、札幌の顔として親しまれた。昭和31年10月20日に焼失。火災の模様はNHKラジオで実況中継されたという

のどかな停車場前広場
昭和初期〈函館市中央図書館〉
明治40年(1907)10月に2代目が焼失、翌41年12月に落成したのが、木造838坪(2765㎡)、最先端の技法を凝らしたルネサンス風の3代目駅舎。中央に井戸、その奥に電話ボックスが見える

札幌に到着した駐留軍
昭和20年(1945)〈北海道新聞社〉
昭和20年10月5日小樽に上陸した米軍部隊は、ただちに札幌入りして、道内の本格的な占領がはじまった

通りを彩った名店・名所

五番舘・鉄道集会所

札幌の老舗百貨店といえば丸井今井、五番舘、三越のことを指し、長い間札幌の三大デパートといわれてきた。

とりわけ五番舘は、明治三十九年（一九〇六）、北海道初の百貨店として開業した由緒あるデパート。種苗・農機具を販売する札幌興農園が「五番舘興農園」の新店舗として建てた赤れんが造り二階建ての洋館で、停車場通りを飾るにふさわしい明治を代表する建物であった。

また、「五番舘」の屋号が電話番号「五番」に由来するのは有名な話だ。

札幌鉄道集会所は、北三西四（現日本生命札幌ビル）に、三代目の札幌停車場と同じ明治四十一年（一九〇八）に三井クラブとして竣工したフランス・ルネサンス様式の木造の洋館で、明治四十四年（一九一一）に北海道鉄道管理局が譲り受けて、職員の社交施設などに利用された。昭和三十五年（一九六〇）一月に取り壊されるまでの半世紀にわたり、市民に親しまれた名建築である。

ここで大正元年（一九一二）に開かれた北大美術部黒百合会第五回展には、札幌で初めてロダンのブロンズ像三点とデッサン二点が展示された記録も残っている（今田敬一『北海道美術史』北海道立美術館、一九七〇年）。〔赤〕

五番舘と駅前通り
昭和31年（1956）〈北海道新聞社〉
駅から五番舘につづく舗道。にぎわいを取り戻した街は、新たに広告板などの氾濫が問題化した

西武百貨店との業務提携直後の五番舘
昭和58年（1983）〈北海道新聞社〉
五番舘は、昭和57年に西武百貨店と業務提携、平成2年には店名も五番舘西武、平成9年8月には札幌西武と変わって五番舘の名は消えた

札幌西武となった旧五番館

平成9年（1997）〈北海道新聞社〉

平成9年に札幌西武と改称すると同時に、デパートから大型複合専門店に業態も変更された

五番館で開かれた日本カメラショー

平成元年（1989）〈北海道新聞社〉

各カメラメーカーの製品に触れることができる人気の催しで、水着モデル撮影会などもあり写真愛好家らで大いににぎわった

五番館と停車場

明治後期〈函館市中央図書館〉

明治39年（1906）に横浜の外国人居留地の洋館を模して建設されたという初代の五番舘。停車場通りに面したモダンなアーチ窓の連なりが特徴的で、昭和33年の建て替え後もその面影は継承された

赤れんがの店舗との別れを惜しむ
五番舘の店員たち

昭和31年（1956）〈北海道新聞社〉

五番舘の赤れんが店舗は、昭和31年11月30日をもって営業を終えたが、店員たちは明治・大正・昭和と駅前の顔として親しまれた店舗との別れを惜しんだ。その後、北海道庁前での仮店舗営業を経て、昭和33年12月1日、地上6階・地下1階の新店舗が開店した

明治41年に三井クラブとして建設された鉄道集会所

明治末期〈北海道立図書館〉

明治41年(1908)の竣工から馬鉄が開通する大正3年(1914)5月までの数年の間に撮影された写真。明治18年に植えられた街路樹も景観を飾る

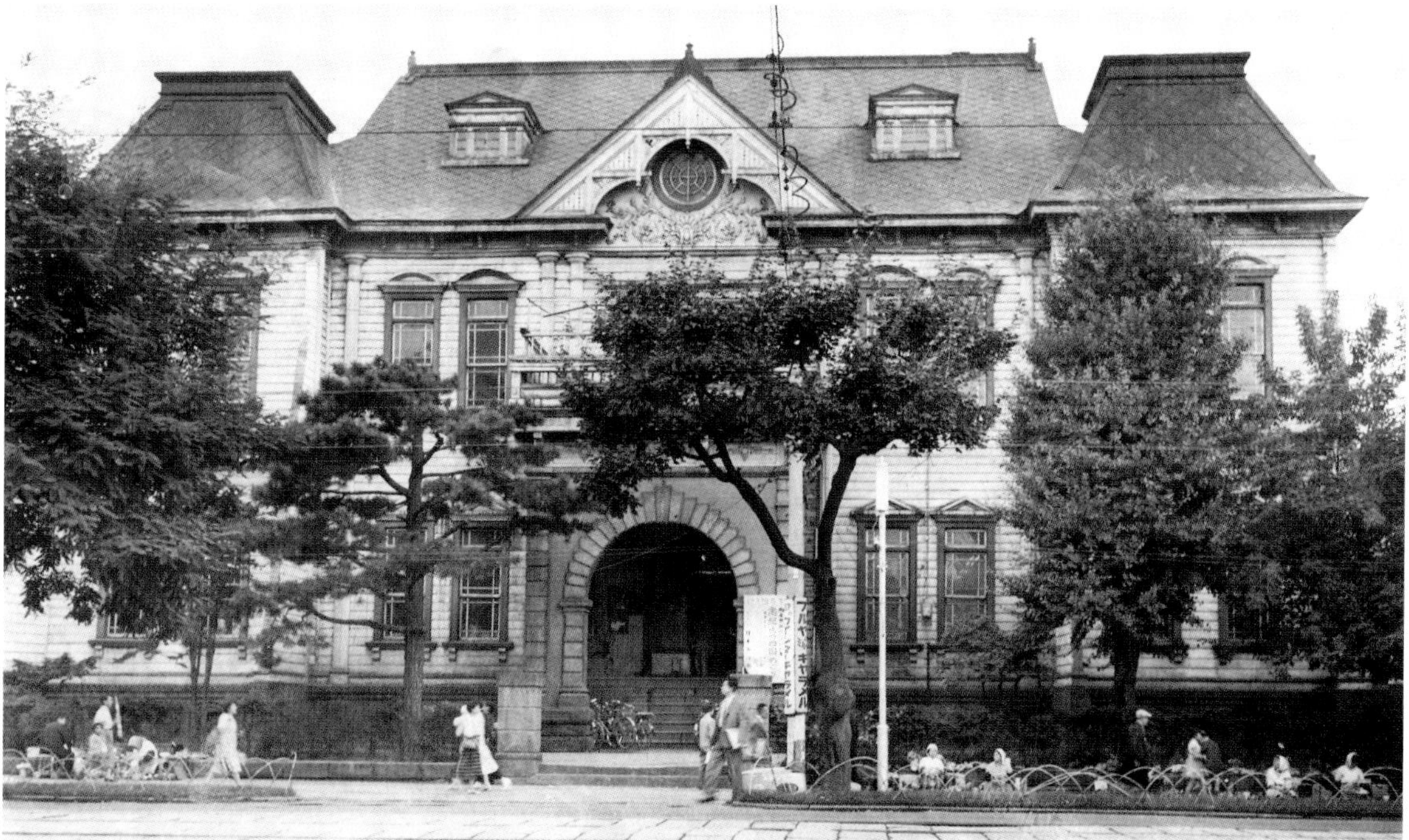

近代化に消えた鉄道集会所

昭和33年(1958)〈北海道新聞社〉

鉄道集会所は昭和35年に解体された。同26年の停車場改築、同31年の鉄道管理局の焼失と五番舘赤れんが店舗の解体で、明治以来駅前通りを飾った名店・名所は姿を消していった

旅館とホテル

明治二十六年（一八九三）の『札幌区実地明細絵図』には、山形屋と旭館が停車場通りと北三条通りの交差点の南西角に並び、地図と共にそれぞれの建物の絵図が掲げられ、札幌を代表する大旅館であったことがわかる。

また、明治四十二年（一九〇九）刊行の『最近之札幌』では、「現今区内に於ける旅人宿は三十三軒」とあり、付録の地図には山形屋、旭館、丸惣旅館が図示されている。山形屋は、入母屋造りの大屋根に望楼をのせたニシン番屋のような建物であった。

札幌で最初の近代的なホテルは、昭和九年（一九三四）に開業したグランドホテルだが、その敷地・北一西四は、元々は札幌女子尋常小学校だった。大正七年（一九一八）の開道五十年を記念した北海道博覧会では第二会場の工業館として、その後は北海道物産陳列場として利用された由緒ある土地柄で、同ホテルの開業には官民による期待の高さがうかがえる。［赤］

山形屋（北2西4）

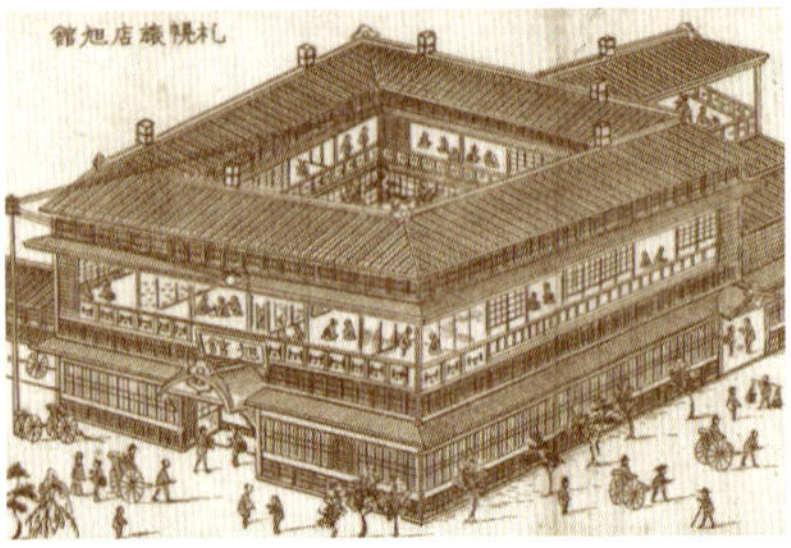

札幌旭館（北2西4）
『札幌区実地明細絵図』（部分）
明治26年（1893）〈札幌市中央図書館〉

中村屋（北3西3）
明治末期〈北海道立図書館〉
明治36年（1903）に下宿屋として開業。同42年刊の『最近之札幌』では、創業者・中村タサは旅人宿業に括られている。昭和35年ごろに北3西7の現在地に移り、100年の歴史を誇っている

札幌旭館（北2西4）
明治44年（1911）〈札幌市公文書〉
道庁正門前、現在の赤れんがテラスの場所で、北3条通りに面していた

山形屋（北2西4）

年代不詳〈札幌市中央図書館〉

山形屋は、明治19年（1886）8月に南3西4で開業し、翌年大通西4に移り、明治23年に北2西4に移転する。明治26年刊の『札幌区実地明細絵図』では、特徴的な望楼はまだ見えない

静岡屋（北4西4）

昭和30年（1955）〈北海道新聞社〉

右手の2階建てが静岡屋。戦後閉店し国際ホテルに土地を譲った

阿部旅館（北1西5）

昭和28年（1953）〈札幌市公文書館〉

北1条を挟んで中央警察署と向き合う場所で、西3丁目の丸惣旅館とともに北1条を代表する旅館だった

停車場通りと札幌グランドホテル

昭和10年（1935）ごろ〈札幌市中央図書館〉

北1条から北を望む。左手がグランドホテル。遠くに街路樹の並木道を行く市電が見えるのどかな戦前の風景だ

札幌グランドホテル周辺空撮（北1西4）

昭和20年（1945）〈北海道大学附属図書館北方資料室〉

駐留軍のホテルとして接収されたグランドホテルを中心に、上（北西）に道庁、左（南）には市役所と警察署が見える。停車場通りと北1条の交差する北西角の東邦生命ビルも駐留軍のCIE（民間情報教育局）に接収されていた

札幌グランドホテル（北1西4）

昭和28年（1953）〈札幌市公文書館〉

駐留軍によるグランドホテルの接収は、昭和27年に解除され、通常営業が再開された。同29年には戦後復興視察の昭和天皇・皇后両陛下の宿舎となった。そんなはざまの一枚である

札幌グランドホテル前の巨大サンタ

昭和44年（1969）〈札幌市公文書館〉

1960年代半ばのいざなぎ景気の中で市民生活も豊かになって、家庭でクリスマスを祝う文化が定着した

北三条通り

道庁正門から、ＪＲ苗穂駅前へ東西に伸びる北三条通りは、今はさして重要な道路とはみなされていないが、歴史的には重い意味を持っている。

まず、道庁正門前の三叉路の中心点には、北海道の道路元標がある。道内のすべての道はここから始まっているのだ。また、駅前通りまでの百メートル、両側に見事な葉を繁らせているイチョウ並木は札幌最初の並木とも言われており、ここは今でもアスファルト舗装の下に木レンガで舗装された道がそのまま眠っているはずだ。現在は道路ではなく広場として新しい使命を帯び、市内で一、二の人気を争う憩いの場所となっている。

駅前通りを越えた東には、大正初期にエンゼル館という映画館が建てられ、戦後、昭和三十二年（一九五七）のなべ底不況と呼ばれた時代まで営業していた。北大や道庁には近かったものの、狸小路やすすきのとは離れていたため、経営は苦しかった。

さらに創成川を越えると、今はサッポロファクトリーとなっている、かつてはビール工場や味噌醸造所、ブドウ酒醸造所など開拓使の官営工場があって、当時の日本では最先端の施設だった。その先には北海道庁長官となった永山武四郎邸があり、永山はここから馬に乗って颯爽と庁舎へ通ったという。［朝］

新築の道庁屋上から見た北3条通り

明治22年(1889)
〈北海道大学附属図書館北方資料室〉
明治21年に完成したばかりの道庁赤れんが庁舎の屋上から東を望む。正面の大きな通りが札幌通(北3条通り)、通りの右側は札幌農学校である。右端に演武場(現在の時計台)が見える

雪の北3条通り

大正時代〈札幌市中央図書館〉
左手にエンゼル館、正面突き当たりに道庁、右手には鉄道集会所が見える

エンゼル館と辰美旅館 (北3西3)

昭和25年(1950)〈札幌市公文書館〉
エンゼル館は、大正2年(1913)に開館した映画館。マキノ・プロダクションの新作やパラマウント制作のアメリカ映画などが上映された。昭和32年(1957)に閉館、一時はレストランとなり同40年に解体されたという。左の建物は辰美旅館

道庁上空から東を望む

昭和39年(1964)〈北海道新聞社〉
道庁の正面から真っ直ぐ延びる北3条通りは、ビール醸造所やブドウ酒醸造所、味噌醸造所など開拓使の官営工場に続いていた。現在はサッポロファクトリーとなっている。旧永山武四郎邸など往時の遺構も多い

汽車の匂い、バスの匂い

　汽車といえばＳＬを連想するのが当たり前、煙を吐き汽笛を鳴らし、何両もの客車や貨物車を連結して牽引する剛直な美しさが、男の子のあこがれの的であった。そのあこがれは吐き出す黒煙の匂いにもあった。

　西五丁目の道路には札幌駅に出入りする線路が何本も枝分かれして、それぞれのプラットホームへ連なっていた。この線路たちをまたぐ陸橋がかかっており、市電の線路も陸橋上に乗って南北に走っていたし、自動車と馬車もこの陸橋が札幌の南北を結んでいた。

　陸橋の歩道には線路脇に昇降できる階段もついていて、橋下の鉄道線路沿いの小工場や住宅に行くこともできた。

　札幌市内で、ＳＬを見下ろせる唯一の場所がこの陸橋の歩道だった。子供たちは、ここからどの汽車がどの軌道を伝って駅に入るのか、どこに立てば一番煙の匂いを嗅げるのかなど風の具合を計算しながら、思い思いの場所に立ち、黒煙が自分を包み込むのを待った。これは楽しい遊びであり、競い合いでもあったのだ。

　ＳＬの煙の匂いはどこで嗅いでも良いとは限らない。列車がトンネルに入るときは客が開けていた窓を一斉に閉ざす。客車に入り込む煙はいやな匂いがし、顔が真っ黒になるのだ。同様に顔が汚れるのに、陸橋の上ではどうしてあんな良い匂いだったのだろう。

　ＳＬの煙と同様に良い匂いだったのは、乗り合いバスの排気ガスだ。走り去るバスを追いかけながら、クンクンと嗅いだ。今の自動車の排気ガスは、あんなに良い匂いは絶対にしない。

　砂利道が大部分だった札幌は、雨上がりに大小の水たまりがあちこちにできた。その水たまりに油の滴が落ちていることがよくあった。落ちた油は水面に広がり虹色に輝いた。奇麗だった。今はこれもない。エンジンの改良、ガソリンの精製技術の改良、そして道路の舗装化などが、こんなささやかな暮らしの遊びを持ち去ってしまった。そう、郷愁も一緒にだ。

　たぶん、その時代時代に独自の匂いが町中にあったのだろう。今それが、料理ずみの食べ物の匂いばかりとすれば寂しいが。［朝］

札幌駅構内のSL
昭和31年（1956）
〈北海道新聞社〉

第二章

大通公園・北一条通り

はじまりは、境界の道

大通公園は性格の違う二本の道と並走している。北一条通りは中央地区らしく官公庁が並び、北海道の政治行政の中心となる風格を持った道である。一方の南一条通りは、商家・職人など地域の代表が居住し、気さくな雰囲気が華やかな街並みを作り上げていった。

明治二年（一八六九）、蝦夷地開拓のため、政府は開拓使という官庁を設置した。その冬に早くも原野を開拓して、石狩の西端にあたる札幌の地に出先機関を設置することとした。開拓使判官・島義勇が盛岡藩で募集した職人ら百人と、道内で集めた労務者などを指揮し、船で銭函に上陸。大量の食材、建築等の道具に一年分の給料と賃金などを背負わせて、冬の雪道に長い列を進めた。道といっても熊笹を踏み分けた程度の簡素なものだっただろう。

島が目指したのは原野を南北に伸びる運河（現創成川）と、原野の中の自然流との接続点（現大通西一丁目）だった。この運河は、慶応二年（一八六六）、幕吏大友亀太郎が幕命で農民を札幌村あたりに入植させて経営していた、御手作場の用水・飲用水・舟運のために作ったものである。

島はここを札幌の基点とし、堀の両側に工作場、歩みを進めてまた道

の北側を官地、南側を民地とする市街の区割りを行った。民地に移住してきた商人などの庶民が、自費または開拓使からの借用金で家を建てた。これらの建物と、官庁や官舎とを峻別するための幅広の道が「大通」である。

開拓の初め、札幌では火災が多かった。刈り取った草類が自然発火して、草葺きの小屋に火がついたりした。大通は、民地の火が北に延焼しないようにとの火防線の役割も果たした。ほんのちょっぴり公園らしい姿を見せたのは、明治八（一八七五）～九年、西三～四丁目に花壇が設けられた時だ。ただ、この花壇は住民の鑑賞のためではなく殖産のためであり、官園で馴化した花卉のテストで、果樹は本庁敷地内に植樹された。大通は火防線から農業振興の役目を負ったことになる。

その後、農業博覧会などの開催で、大通の存在は次第に住民に知られるようになった。西三丁目あたりが馬車輸送のセンターになり、西側一帯は小学校の運動会や、屋外行事の会場として使用され、日露戦争の頃から植樹・園路などが作られて、次第に逍遥地としての姿を整えていった。［朝］

大通逍遥地

大正後期〈札幌市公文書館〉

大通公園は、明治42年（1909）から逍遥地として整備された。左端は大正２年（1913）に完成した現在の北光教会の会堂。その右奥にある3階建ては、大正5年に完成し13年12月28日の夜に漏電で焼失した丸井今井の店舗

大通公園

札幌市内の公園の中で、最も有名でかつ親しまれているのはやはり〝大通公園〟だろう。都心を南北に分けたこの公園は、札幌の歴史とともに歩んできた。開拓の初めは火災から街並みを守る火防線であり、戦争中には家庭菜園として市民に食糧を供給し、戦後は雪まつりの会場として世界に知られるようになった。

明治四十二年（一九〇九）から逍遥地としての整備が始まり、現在では西一丁目から西十二丁目までの長さ約一・五キロ、約七・九ヘクタールの広さを持つ特殊公園となった。九十二種約四、七〇〇本の樹木が都心に貴重な四季の彩りを添えるとともに、多数の記念碑や彫刻が、札幌の歴史や文化を伝えている。

［赤］

豊平館と創成川

昭和10年（1935）ごろ〈北海道大学大学文書館〉

豊平館は開拓使が建てた洋造ホテルで、明治政府が建てた唯一のホテル。明治13年（1880）に完成し、翌14年には明治天皇行幸の行在所となった。豊平館の背後には公会堂がみえる

豊平館

昭和初期〈札幌市中央図書館〉

豊平館には大正天皇と昭和天皇もそれぞれ皇太子時代に行啓された由緒ある建物で、昭和33年（1958）に中島公園内に移築。同39年には国の重要文化財に指定された

豊平館の跡地に建った市民会館

昭和51年（1976）〈北海道新聞社〉

豊平館の跡には、昭和33年（1958）に市民会館が、翌34年にはNHK札幌放送局が完成した

豊平館跡の池で遊ぶ子供達

昭和32年（1957）〈北海道新聞社〉

丸井今井、バスセンターを背景に、小さな冒険が繰り広げられている

大通バスセンターと郵便局

昭和36年（1961）〈北海道新聞社〉
戦後の大通の1・2丁目は、市営バスの拠点となった。中央の郵便局が大通公園に突き出しているのがわかる

札幌全景 ①

大正2年（1913）富貴堂刊〈北海道立図書館〉
右手前の大屋根は札幌郵便局。右手奥に豊平館、中央に札幌区役所、時計台、西3丁目通りには大正元年から3年と短期間運行された馬鉄の線路がみえる

明治村に移築された電話局

平成21年（2009）
郵便局の大通側中央に組み込まれていた電話局は、現在愛知県犬山市の明治村に移築展示されている

大通公園の展望

昭和37年（1962）〈北海道新聞社〉
郵便局の解体が始まっている。向き合う南大通は戦前の姿をとどめている

札幌全景②

中央の2階建ては北海道拓殖銀行（拓銀）本店。公園に立つのは永山武四郎像

北海タイムス（左）と札幌郵便局（右）

昭和初期〈北海道立図書館〉

西3丁目通りを挟んで郵便局と向き合うのは、大正11年（1922）に完成した北海タイムス（現北海道新聞）の社屋

永山武四郎将軍像

昭和初期
〈東北芸術工科大学東北文化研究センター〉
背景は、右から郵便局、北海タイムス、拓銀。中央の永山将軍像は、明治42年(1909)建立されたが、昭和18年に金属供出で姿を消した

大通公園の花壇の植え込み

昭和30年(1955)〈北海道新聞社〉
大通公園は、季節の花で彩られる花壇が人々を癒やす。背景は拓銀本店

家族連れでにぎわう大通公園

昭和37年(1962)〈北海道新聞社〉
中央の遠くに、望楼がみえる

雪を運ぶ馬車（西7丁目）
昭和29年（1954）ごろ〈北海道新聞社〉
冬の大通は雪捨て場で、この雪山がやがて雪像に生まれ変わることになる

市民スケート場（西7丁目）
昭和36年（1961）〈北海道新聞社〉
身近な冬のスポーツとしてスケートは大人気

札幌全景③
右側に手前から奥（南北）へ延びるのが西3丁目通り

第1回たそがれ野球大会（西7丁目）
昭和29年（1954）〈北海道新聞社〉
大通球場で行われた第1回たそがれ野球大会の開会式

納涼盆踊り
昭和37年（1962）〈北海道新聞社〉
昭和29年から始まった納涼盆踊りは、子供盆踊り、北海盆踊りと家族で楽しめる祭りとなった

終戦前後

食べ物のことしか頭に浮かばない時代であった。二十万人余の市民はみんなが飢えていた。

家の前の道路を掘り返し、中央を細く残して両側は畑にした。当時市内の道は未舗装が当たり前だったから何とかそれができたのだろう。自分の家の間口分が自家の畑。南瓜やら茄子やら、じゃがいもやら、食糧となる野菜を植えた。

道路を管理しているお役所も目をつぶっていたのだろう。地元の新聞に収穫に成功した人の体験談が載っていることもあった。

大通公園もすっかりいも畑に変わった。芝生の面影は全くなくなったし、公園内に設置されていた彫像は金属の供出で軍に持っていかれ、台座だけが残っていた。大通周辺の隣組が共同で、中学生なども手伝って、野菜畑にしたのだった。これも国策のひとつだったのだろう。

駐留軍がやって来ると、公園は彼らに占拠された。一時期、三丁目に兵士が出入りする木造の小さな教会が建っていた記憶もある。兵士たちが興じるソフトボールという競技も初めてこの公園で見た。皆が遠巻きにしてこわごわ眺めていた。野球と似ているがちょっと違う。眺めながら「あいつら、腹がへっていないのかな」バカバカしくもそう思った。日中、彼らが大声で球を追うのを見物している人たちは誰もが気力を失っていた。

活力の残っている人たちは闇市あたりで何かをしていたり、しようとしていたのであろうか。西五丁目の聖恩碑周辺が、駐留軍兵士相手の〝夜の女〟のたまり場になっていたことも、後で知った。［朝］

畑となった大通公園（西6丁目）
昭和19年（1944）〈北海道新聞社〉
戦時中の食糧不足を補うための畑づくり。背景には、台座からおろされた開拓紀念碑、左には税務署がみえる

札幌練兵場での屯田兵部隊の観兵式

明治22年（1889）ごろ〈札幌市公文書館〉

古くは、大通西10丁目に屯田兵第一大隊本部があり、以西は練兵場だった

現在の岩村通俊像

平成20年（2008）

北海道神宮の第二鳥居前から北1条宮の沢通りを30mほど都心に下った円山公園内にある。開道100年を記念して、大通西10丁目のケプロン像、黒田清隆像とともに昭和42年（1967）に建立された

岩村通俊像（西11丁目）と控訴院

昭和10年（1935）ごろ〈東北芸術工科大学東北文化研究センター〉

岩村像は昭和8年11月に建立されたが、他の像とともに同18年に金属供出のため撤去された

第17回さっぽろ雪まつり

昭和41年（1966）〈北海道新聞社〉

昭和30年から自衛隊の協力を得て雪像が大型化した

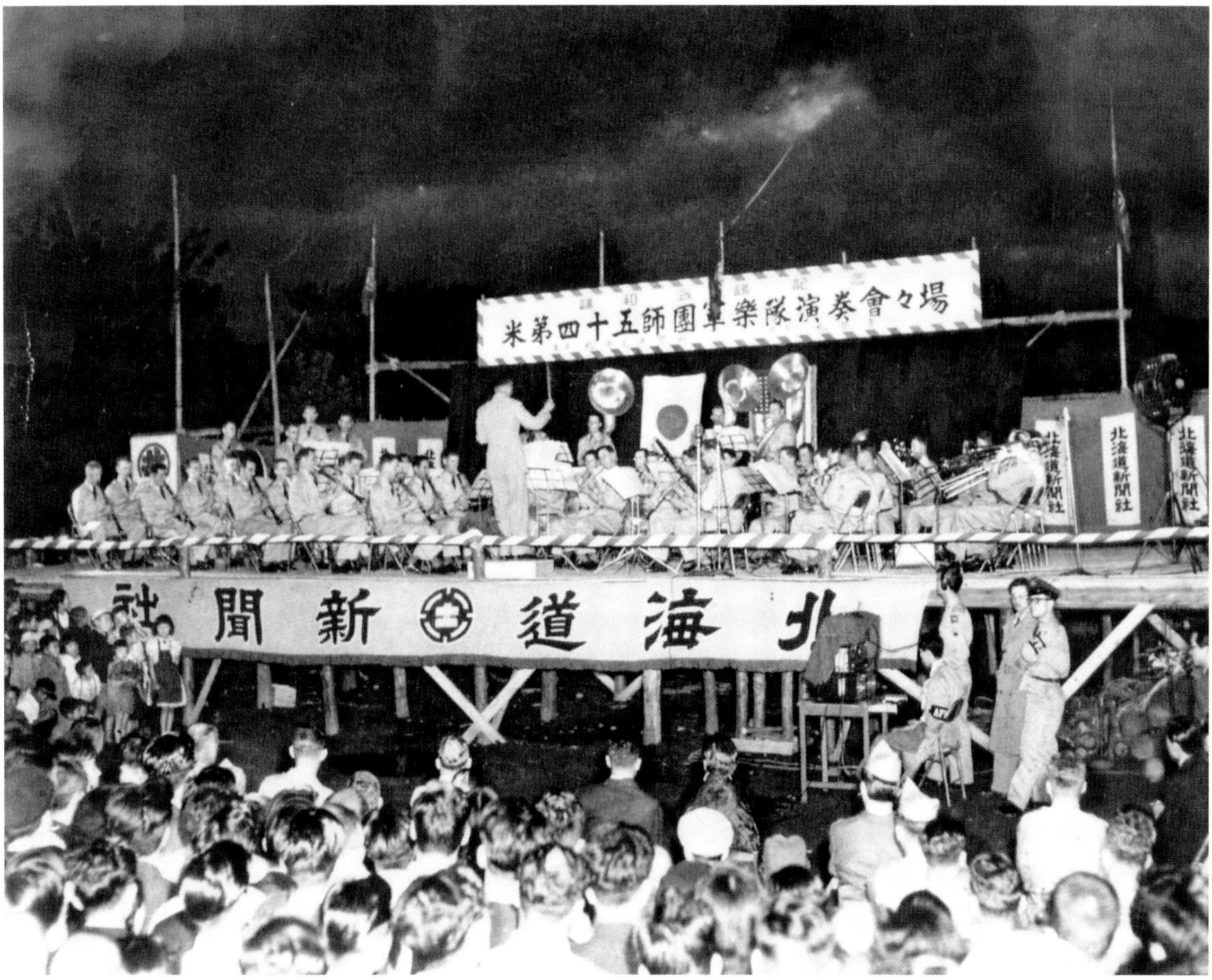

米軍軍楽隊大演奏会（西4丁目）
昭和26年（1951）〈北海道新聞社〉
講和会議を記念して、米軍第45師団軍楽隊の演奏会が行われた

ビアガーデン
昭和55年（1980）〈北海道新聞社〉
福祉支援の目的で、昭和34年に始まった

高等裁判所(下)と移転先となる大通小学校跡(上)

昭和44年(1969)〈北海道新聞社〉

高等裁判所と地方裁判所は、昭和48年(1973)に大通小学校跡地の裁判所合同庁舎に移転する。

手前の高等裁判所(現・札幌市資料館)の背後には、増築された木造庁舎がみえる

高等裁判所

昭和45年(1970)〈北海道新聞社〉
移転が検討されはじめたころの札幌高等裁判所(現・札幌市資料館)

控訴院入り口のテミスと秤

現在札幌市資料館となっている元札幌控訴院の入り口には、ギリシヤ神話の法と掟の女神テミスが、何にも惑わされない証として目隠し姿で刻まれている

地方裁判所

昭和47年(1972)〈北海道新聞社〉
札幌市資料館(旧・高等裁判所)の北側(現・教育文化会館)には、かつて高等裁判所に酷似した札幌地方裁判所が建っていた

この道には昔から、ある種の威厳とよそよそしさがあった。実はここが開拓時代の区割りの南端を示す道で、大通公園の南側の商業地とは明らかに区別された建物が多かったからだ。

この道は、西の山際に祭られている北海道神宮の表参道でもあった。西四丁目駅前通りに面したところには、「北海道総鎮守官幣大社札幌神社」という石碑が戦後まで残っていた（現在は建て替えられている）。その先には市役所、警察署、道立図書館、通信局などが連なり、商業地の道とは全く違う面影があった。現在も放送局の大部分はこの道に面しているし、ステージ付きのホールもこの道には多くある。有名な教会もある。

北一条通りは、かつて「国道五号（札幌国道）」と呼ばれた幹線であった。

開拓使本庁を起点とし、札幌と函館を結んでいた札幌本道は、北一条通り（浜益通り）を西に向かい、行き止まりになっていた西二十丁目あたりで南一条通り（渡島通り）に折れ、円山市街を通って小樽・函館に向かう長距離馬車道だった。そのため

北一条通り

北一条通りは、北海道で一番早く国道となったが、昭和四十六年（一九七一）に札幌新道が開通すると、国道五号は創成川通りを起点に北進して、新道を西に向かう道筋となり、その後は西十丁目までが国道二三〇号、その先は道道一二四号とその名を変えてしまった。

駅前通りから北一西七までは片側三車線で、西八丁目からは片側二車線に減少するが、これは西四丁目から西七丁目までが開拓使本庁敷地の南端だった名残である。［朝］

駅前通り方向からの北1条通り東側
昭和41年（1966）
〈北海道大学附属図書館北方資料室〉
左手中央に時計台が見える。周囲の建物の背丈も低く、敷地一帯に存在感がある。時計台の西向かいは丸惣旅館、北1条を挟んで南向かいが産業会館である

中央警察署前の西5丁目通り
昭和28年（1953）〈北海道新聞社〉
当時の札幌では1.7世帯に1台の自転車が普及していた

工事中の市役所庁舎

昭和46年（1971）〈札幌市公文書館〉

昭和45年に人口が100万人を突破し、同47年の冬季オリンピック開催に向かって、街は大きく変貌した

北1条通りを行く路面洗浄車

昭和40年（1965）〈北海道新聞社〉

道路の向こうに阿部旅館がみえる

時計台と西3丁目通り

昭和27年(1952)〈北海道新聞社〉

時計台は、明治39年(1906)に札幌区に移管され、明治44年から昭和41年(1966)まで図書館として使用されていた

札幌逓信局 (北1西6)

昭和戦前〈東北芸術工科大学東北文化研究センター〉

札幌逓信局は、昭和14年(1939)に鉄筋コンクリート造5階建てを新築。平成15年に建て替えられた

公会堂 (北1西1)

昭和初期〈北海道立図書館〉

公会堂は、豊平館の北側に昭和2年(1927)に増築された

駅前通りと北1条通りの交差点

昭和35年(1960)〈北海道新聞社〉

北1条通りの西3丁目以東(電車線路がある駅前通りより奥側)は、昭和40年ごろまでは古くからの商店が軒を連ね、都市化の中で拡幅が急がれていた

産業会館と時計台

昭和31年(1956)〈札幌市公文書館〉

産業会館(北1西2)は、昭和27年に開館し、市役所新庁舎落成の昭和46年まで産業振興の拠点となっていた

北一条教会(北1西6)

昭和52年(1977)〈札幌市公文書館〉

昭和2年(1927)、田上義也の設計で完成し、昭和54年に北1西13に移転した(P78下・参照)

北海道庁立図書館(北1西5)

昭和初期〈函館市中央図書館〉

開館したのは大正15年(1926)。昭和42年(1967)に江別市に移転後、建物は美術館などに利用された

市立札幌病院前の北1条通り（北1西8）

昭和32年（1957）〈北海道新聞社〉

市立病院の向かいの街並み。中央には旅館大刀館がみえる

教育文化会館前の北1条通り（北1西13）

昭和55年（1980）〈北海道新聞社〉

正面は、昭和54年に北1西6から新築移転した北一条教会（P77左下・参照）

北円山地区の北1条通り
昭和36年(1961)〈北海道新聞社〉
北1条通りの突き当たりに第一鳥居が見える。札樽国道は鳥居の手前を右折していた

北海道厚生年金会館(北1西12)
平成20年(2008)〈北海道新聞社〉
平成20年から「さっぽろ芸術文化の館」となった。同30年には閉館の予定

市立札幌病院(北1西8)
昭和52年(1977)〈北海道新聞社〉
明治24年(1891)以来のこの地から、平成7年秋に桑園駅北側に移転した

市民の宝、大通公園

札幌の最初の街の区割り計画は、幅百メートルを超える幅広い空き地を東西に長く設置することから始まった。火防線である。粗末な小屋が次第に集まって町の形が少しずつ出来てくると、野火や失火が増えた。これをこの広場で食い止めようとしたのだ。

同時にここは、官地と民地の境界ともなった。開拓使によって集められた、商人や職人が住む民地は火防線の南、官公庁や公宅等は北というようにおおかた定められた。火防線北は「本府」、南は「創成」と呼ばれた。当時の札幌の範囲は、北は札幌駅、南はすすきのあたりまで。東は創成川、西は西十丁目あたりまでと言って良いだろう。

町の境界となった「大通」は、今は札幌を代表する公園となり、市民が夏冬を問わず最も集まる場所となった。

冬のホワイトイルミネーションにはじまり、雪まつり、ライラックまつり、ビアガーデン、盆踊り、花壇コンクールや野外ステージでの演奏会など休む間もなく行事が続き、芝生では家族連れや若者たちが憩っている。芝生は市民にとってわが庭であり、特別な場合を除いて立ち入りが制限されることはない。本州のように禁止にでもしたら「市長の不信任が可決されるだろう」と言った人がいた。

大通公園はこれまでもこれからも、東西への延長計画が語られるに違いない。大通公園は札幌のランドマークでもあり、宝物だからだ。[朝]

ミュンヘン・クリスマス市
平成16年(2004)〈北海道新聞社〉

第三章

さっぽろ都心

札幌の都心

札幌の都心は、どのあたりを指せば良いのだろう。ばく然と考えていたが、いざ文字で表すとなると、困惑の表情で筆を止めてしまう。もちろん市役所などの行政の拠点ではなく、市民が集う〝マチ〟のことだ。まずは百五十年前に、島義勇や岩村通俊が広大だと思って定めた縄張りのあたりだと考えることにしようか。

今の札幌はそんな範囲を吹き飛ばすほど巨大化している。そしてその中心は移動しつつある。今、商業地域のナンバーワンは四丁目十字街ではなくなった。国が発表する公示地価は最高値がJR札幌駅前に代わってはいるが、まつりのみこし渡御を迎える「ハレ（非日常性）」の場は、まだまだ譲ってはいない。記憶を呼び戻してみれば、札幌神社の時代からみこし渡御や山車行列は、毎年順路は少しずつ変わるが、四丁目十字街や狸小路、すすきのを練り歩く。そして創成川の東の頓宮でみこしは一休み。創成川の出店は、子供達にとってはまさにハレの日の夢の世界だった。

昭和の時代は、こうしたマチに人々は集い心を躍らせたものだが、特に戦後は解放感からか、市民意識は商店街から公園などに向かい、やがては価値観の多様化などといわれてマチそのものが分散していったようだ。

札幌は、他都市ほどの天災もなければ空襲もまぬがれた。それでいて昔の街並みを連想するのはむずかしい。「歴史がない街だから」といって、惜しみなく壊しては新しい街を造ってきたからだ。札幌は脱皮する街なのだ。そのたびに中心を狸小路から南一条へ、南一条から駅前通りや地下街へと移しながら巡り巡っている。

この章では、そうした脱皮の有様を垣間見てみよう。〔朝〕

北海道神宮みこし渡御

平成10年（1998）〈北海道新聞社〉

きらびやかな衣装で4丁目十字街を練り歩くみこし渡御の行列

南一条通り

公共施設優位の北一条通りに、対比されるのが南一条通りだろう。ここは商業中心の道。デパートや大手の書店文具店のほか、さまざまな商品の問屋などが並ぶ道として発展した。

南一条通りの創成川にかかる橋は市内に現存する最も古い橋で、札幌軟石で造られ古風な形をしている。ここは札幌の区割りの基準となるところ。西のたもとは西の、川向かい東のたもとは東の基準で、昔はそれぞれ三十センチ角ほどの礎石が立っていた。

橋の西北角は開拓使が「高札」を建てたところだ。開拓使が人々に示達するさまざまなことは、この高札に掲げられて通知される。それだけ人の集まる一角でもあった。

橋のたもとにはれんが造りの交番が建ち、人の流れを見続けてきた。この交番は、開道百年を記念して厚別区に造営された北海道開拓の村に移築されて、今もある。

四丁目十字街は札幌商業の原点とでもいえようか。かつて市内電車が交通の要だった頃、駅前通りを南北に走る線と、南一条通りを東西に走る線が十字に交わることから十字街と呼ばれたらしい。昔、デパートへは盛装をして出かけた。市民はこの十字街に立つと、なぜだか胸を張って歩いたものだ。それは、北海道随一の場所にいま立っているのだという気分にされたからだろう。［朝］

4丁目十字街・東を望む

昭和27年（1952）〈北海道新聞社〉

左端は三越、隣のトンガリ屋根は北陸銀行、屋上に塔（航空灯台）が建つのが丸井今井

4丁目十字街・西を望む

昭和33年(1958)〈北海道新聞社〉
右端が三越、正面は日之出屋、左端に富貴堂の看板がみえる

4丁目十字街・南を望む

昭和33年(1958)〈北海道新聞社〉
左端はコマツ靴店、右端は読売新聞。読売の南隣は古書店の一誠堂で、中央薬局、維新堂などがつづく

4丁目十字街・南を望む

昭和38年（1963）〈北海道新聞社〉

昭和20年には22万人だった札幌市の人口は、38年には70万人を突破し、通勤ラッシュや住宅難などの新たな都市問題に直面した

初代・三越(南1西3)

昭和戦前〈札幌市中央図書館〉
昭和7年(1932)の開店時から4丁目十字街の顔だった

北陸銀行と富士銀行(南1西3)

昭和39年(1964)〈北海道新聞社〉
三越の隣は北陸銀行、さらに隣が富士銀行

2代目・三越

昭和54年(1979)〈北海道新聞社〉
昭和46年に完成した二代目三越。札幌オリンピックを控え、街並みは大きく変貌していった

4丁目十字街の交通整理

昭和26年（1951）〈北海道新聞社〉

信号機が普及する前は、お巡りさんの手信号が車をさばいていた

パルコ

昭和57年（1982）〈北海道新聞社〉

昭和50年に札幌進出し、若者ファッションをリードしてきた

丸井今井（南1西2）

昭和48年（1973）〈北海道新聞社〉

道内随一の売り場面積を誇った時代の丸井今井

南1条通り南（西2丁目付近）
昭和39年（1964）〈北海道新聞社〉
中央の和風2階建てはセトヤ本店。セトヤの北向かいには丸井今井がある

南1条通り北（西2丁目付近）
昭和62年（1987）〈北海道新聞社〉
右端は丸井今井、さらに西に池内がみえる。左には長崎屋のシンボルマーク

4丁目プラザ（南1西4）
平成13年（2001）〈札幌市公文書館〉
三越の屋上から南西を望む。正面は昭和46年（1971）開業の4丁目プラザ

創成橋方面からみた南1条通り

昭和57年（1982）〈北海道新聞社〉

丸井今井の東向かいには、洋画封切館の日劇があり、多くの名画に市民は酔った

日劇最後の日（南1西1）

平成15年（2003）〈北海道新聞社〉

思い出の名画が最後を飾った

長崎屋ビッグオフ（南1西1）

平成5年（1993）〈北海道新聞社〉

かつての西1丁目最大の店舗には、現在MARUZEN&ジュンク堂書店が入っている

第2回歩行者天国(駅前通り)
昭和48年(1973)〈北海道新聞社〉

第2回歩行者天国(南1条通り)
昭和48年(1973)〈北海道新聞社〉
第2回の歩行者天国〝さっぽろプロムナード〟を「さわやかに晴れあがった秋空の下に人、人、人の波が続いた。いつもは車の洪水に遠慮しているのに—」と、北海道新聞(昭和48年9月16日)は報じている。「今日は車道を歩いていいんですよ」「真ん中を歩いてー」と警察官が促す懸命の声が思い出される

創成川沿いの筆屋・柳葉堂(南1西1)
昭和52年(1977)〈札幌市公文書館〉
開拓使時代を思わせる和洋折衷の建物だった

一の秋野総本店薬局(南1西1)
平成24年(2012)〈北海道新聞社〉
明治の面影をとどめる秋野総本店

狸小路

「狸小路」という、奇妙で滑稽なちょっと野暮ったい名の起こりは何なのか。明治はじめに開拓使に続いてやって来た庶民たちが、狸でも住みそうな周辺の風景と、そこに並びはじめた小さな飲食店で働く私娼たちにつけた俗名であるようだ。公許のすすきのに対し、安価な店の繁盛のせいで、狸小路には物販店も増えた。何軒かの寄席もできて繁華街の様相を濃くし、本州からの移住者の増大にあわせて、ぐんぐんと店舗数を増やしていった。

狸小路は進化を続け、北海道ナンバーワンの地位をずっと守り続けてきた。

街路灯を装飾に利用し、スズラン灯を設置したのも最初だし、ネオンを使いはじめたのもこのころ。戦争中に金属の供出が命ぜられ、鋳物で作られていたスズラン灯の電柱を供出、物資不足で売る物もなく、泣く泣く店じまいとした。戦後、真っ先にスズラン灯を復興させて明るさを取り戻し、市民をほっとさせた。敗戦の打ちひしがれた市民の気分をふるい立たせたのは、

狸小路の冬
昭和29年（1954）
〈北海道新聞社〉
冬の狸小路は、雪山で店先も見えなかった

闇市の活気ではなく、実は、数こそ少なかったが市電が動き続けたことと、狸小路の復活だったように思う。

アーケードのなかった頃の冬の狸小路は、あの狭い道路の両脇に長々と雪が積み上げられて、向かいの店も見えず、出入りもままならないことがあった。店員が総出で、馬そりに雪を積んで運び出したのだという。

かつて狸小路は家族の夜の散歩道でもあった。明るい照明の下を歩き、そばやカレーや簡単な中華などを食べ、満足して家へ帰るなどしたものだった。

今は市民のそぞろ歩きや買い物の街というよりも、観光客、なかでも外国人客の姿が中心になってきた。老舗に代わって、ドラッグストアや土産品専門店などが増え、耳慣れない外国の言葉が飛び交ったりしている。それぞれの丁目に類似の品の営業店が集まり、丁目の個性化も強まった。

こうした変容があってもなお、狸小路は道内商店街の先駆者であり、小売店のあこがれの地で、今もあり続けている。［朝］

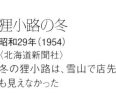

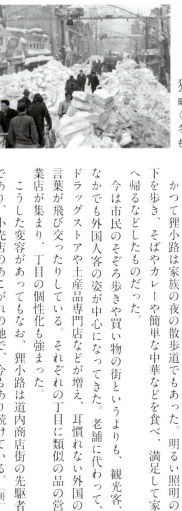

共栄館(2丁目)
昭和32年(1957)〈北海道新聞社〉
小売店の寄り合い店舗であった勧工場(かんこば)の名残をとどめる共栄館

歳末商戦でにぎわう狸小路
昭和36年(1961)〈北海道新聞社〉
札幌市民は、折々の買い物や食事に狸小路に出かけ、ちょっとした贅沢を満喫した

札幌まつりでにぎわう狸小路
昭和31年(1956)〈北海道新聞社〉
札幌まつりの人波で埋まる狸小路3丁目

札幌オリンピックまで半年余り

昭和46年(1971)〈北海道新聞社〉

オリンピックの開催を祝う飾りがアーケードにあふれる

狸小路のスズラン灯(2丁目)

昭和初期〈東北芸術工科大学東北文化研究センター〉

スズラン灯は昭和2年(1927)から設置がはじまり、狸小路の顔となった。大戦の金属供出で一時期姿を消し、昭和24年(1949)年に復活した。左手にサッポロビール直営がみえる

狸小路のアーケード(4丁目)

昭和56年(1981)〈北海道新聞社〉

狸小路のもうひとつの顔となったアーケードは、昭和33年(1958)から35年にかけて設置され、同57年には現在の新しいアーケードとなった。左の中川ライター店は、明治35年(1902)に創業し、平成27年(2015)に後継者難で113年の歴史を閉じた老舗

狸小路発祥の1丁目

平成11年（1999）〈北海道新聞社〉

1丁目にははんこ屋が集まっていた。日清戦争の頃から兵隊が給料を受け取るときに印鑑が使用されるようになり、狸小路のお得意さんだった月寒の第二十五連隊に入営する若者たちがここで印鑑を求めたからだという

新浅草寺（1丁目）

昭和60年（1985）〈北海道新聞社〉

昭和8年、商売繁盛を願って建立された新浅草寺だが、現在は豊平区美園に移転している

狸小路6丁目

平成21年（2009）〈札幌市公文書館〉

外国人観光客の増加などで、狸小路は再び活気を取り戻しつつある

スカラ座・帝国座(1丁目)

昭和52年(1977)〈北海道新聞社〉
帝国座は、明治34年(1901)開設の寄席「札幌亭」を前身とする老舗だったが、平成10年(1998)に97年の歴史を閉じた

昭和32年12月28日付の北海道新聞の「札幌映画案内」には、邦画封切館として札幌大映・日活劇場・松竹遊楽館・東宝公楽・新東宝が、洋画封切館として東宝日劇・日活館・松竹座・帝国座・札幌劇場が名を連ねている。このほか東映系や都心の二番館・名画座、ミトキ館や桑園映劇など市内の映画館合わせて44館が掲載されている

松竹遊楽館(3丁目)

平成13年(2001)〈北海道新聞社〉
松竹遊楽館は、明治43年(1910)に演芸場として開館、数々の名画を上映してきたが、平成15年(2003)、93年間の歴史に幕を下ろした

創成川

創成川は開拓の頃、移住して来た人々にとって、日々の暮らしを守る大切な川だった。石狩川で水揚げされた日用品は小舟に乗せ換えられて創成川を遡り、大通あたりで陸揚げされ、人々の手に渡っていったからだ。衣類も食糧もすべてこの水運が頼りだった。

定山渓の奥から流れ出した豊平川は、石狩平野に辿りつくと一斉に解き放たれて多くの支流を作った。その一部が今の中島公園の池をつくり、開拓使工業局の貯木場となった。

この水の流れ出た先が当初は伏古川につながり、大友亀太郎の率いる農村の畑をうるおす掘割になり、さらに運河として直線化され創成川となった。この川は水量が少なかったため、随所に水門を造って水を貯め、小舟を岸から綱で引いてのぼった。その水をせき止める板を挟んでいた水門跡が、戦後になってもあちこちに残っていたものだった。

また、冬には凍った川から天然氷を切り出していたこともあったし、戦前のオリンピック陸上三段跳の金メダリスト南部忠平が、この川を飛び越えて練習をしたなどの噂が立ったこともあった。

昔の下水は川にたれ流しだったため、人口増につれ川の汚濁は激しくなり、また河畔のサーカス小屋の火災などの不幸もあって、一時はさびれた。だが、今はすっかり浄化され、大友亀太郎をたたえる像や碑の立つ見事な親水公園に生まれ変わった。［朝］

創成橋とテレビ塔
平成25年（2013）

創成トンネル
平成21年（2009）〈北海道新聞社〉
全長1097mの創成トンネルの開通で、南5条～北3条間の連続アンダーパス化が実現

望楼から創成川の南を望む

昭和38年（1963）〈北海道新聞社〉

札幌市の歴史の原点ともいえる創成川河畔。手前の電車が走る道は南1条通り、右手前の小さな屋根は交番。遠くの鉄塔は狸小路入り口にあった広告塔

歳の市

昭和37年（1962）〈北海道新聞社〉
年末には歳の市が開かれた

札幌まつりのにぎわい

昭和34年（1959）〈北海道新聞社〉
札幌まつりの露店やサーカス小屋であふれる創成川河畔

テレビ塔とその周辺

昭和37年（1962）ごろ〈北海道新聞社〉
テレビ塔がひときわ目立つ都心。現在、創成川イーストと呼ばれているあたりは、低層の商店や住宅が密集していた

望楼（大通西1丁目）

昭和39年（1964）ごろ〈北海道新聞社〉
昭和2年に完成した望楼もビルに囲まれ昭和39年に廃止された

ハリストス正教会（南7東1）

昭和40年（1965）ごろ〈札幌市公文書館〉
札幌ハリストス正教会は、昭和11年（1936）に南7東1に新会堂を建設、創成川通り拡幅に伴って、昭和46年、現在の福住に新築移転した

創成川イースト

平成23年（2011）〈北海道新聞社〉
高層ビルが立ち並ぶ大通・創成川イースト。テレビ塔がビルに埋もれている

旧サッポロビール第1工場

（北2東4）

平成12年（2000）〈札幌市公文書館〉

明治9年（1876）に開業した開拓使麦酒醸造所を起源とするサッポロビール。ラベルの星印は北極星（ポラリス）を表し、開拓使の徽章だった。平成元年（1989）に道内の生産拠点が恵庭に集約され、第1工場はサッポロファクトリーに、第2工場はアリオ札幌などになった。現在札幌市内でビールを製造しているのはアサヒのみとなった

旧永山武四郎邸（北2東6）

平成28年（2016）〈北海道新聞社〉

北海道庁長官などを務めた永山武四郎が、明治10年代の前半に建設した私邸。現在一帯は永山記念公園となっている

永山邸と
サッポロファクトリー

平成21年（2009）〈札幌市公文書館〉

創成川の東は、開拓使工業局の諸製造工場が並ぶ工業団地だった。ファクトリーにはその名残がある

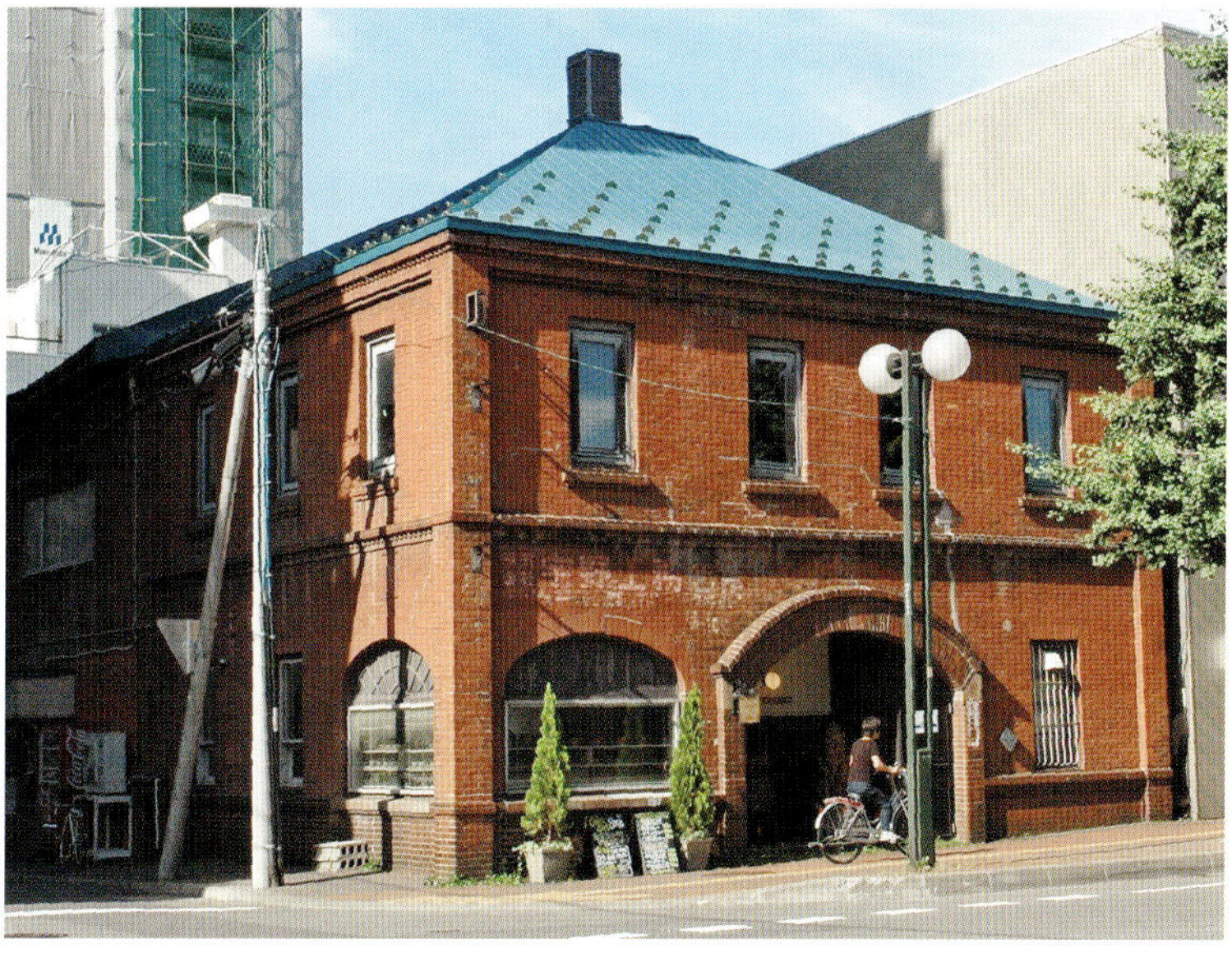

福山石油（北3東3）

平成23年（2011）〈北海道新聞社〉

明治40年代に福山醸造の醤油販売所として建設された

すすきの

南四条通り

南四条通りと呼ぶより、すすきのロータリーと言ったほうが分かりやすい。札幌都心の主軸、駅前通りはこのロータリーで終わる。今でこそ、すすきのを突き切って中島公園まで道は伸びているが、すすきのが遊郭だった頃はここに大門があり、門の先は郭内の道だった。今でもロータリーから南は、すすきの大通りなどと呼びならわして、駅前通りとは呼ばない。

ロータリーは駅前と違って広場ではないが、道幅からみると最も著名な四丁目十字街よりもずっと広い。この広さは、戦中に空襲による延焼を避けるため、火防線として道路北側の民家を強制的に撤去させたことによる。豊平橋から西十一丁目の石山通りまでの間だ。

かつては東京から北では最大の劇場、最大のキャバレー、その前身の最大の呉服専門店などが櫛比《しっぴ》していた。今もホテルや飲食店がひしめいている。

千歳空港もこの道の先にあることから、高速道路がなく鉄道との連絡も不十分だった時代、空路の客はバス等を使って札幌に入った。表玄関の役割をロータリーが受け持ったこともあった。

定山渓鉄道の駅もこの道の途中の豊平にあり、すすきのからの市電もそこまで通じていた。戦後は沿線の宅地化によって増えた人々の通勤駅としてもにぎわったものだ。歩道橋の第一号も豊平駅前に建てられた。駅前の小さな広場は今も残っているが、気付く人はほとんどいないだろう。［朝］

すすきの交差点（南4西3）
平成17年（2005）〈北海道新聞社〉
時計塔が立つすすきの交差点。きらびやかなネオンが酒客を迎えてくれる

南5条通り

大正前期〈東北芸術工科大学東北文化研究センター〉
通りの両側には、遊郭が立ち並ぶ

すすきの歓楽地

昭和10年(1935)ごろ〈東北芸術工科大学東北文化研究センター〉
南4西4交差点から南を望む。
右手のモダンな建物は酒房などが入っていた岡田屋アパート

雪道を行く三輪車（南5西4）

昭和35年（1960）〈札幌市公文書館〉

除雪が行き届かない時代、不安定な三輪車はわだちに苦労した

すすきの交差点

昭和33年（1958）〈北海道新聞社〉

昭和46年までは、市電豊平線と山鼻線の分岐点だった。豊平線は豊平橋を渡り豊平へ延び、定山渓鉄道に接続していた

氷の祭典

平成23年（2011）〈北海道新聞社〉
雪まつりすすきの会場は、精巧な80基の氷像が美を競う

ノルベサの観覧車（南4西5）

平成18年（2006）〈北海道新聞社〉
地上78mに達する札幌初の屋上観覧車

すすきの交差点に復活した市電

平成27年（2015）〈北海道新聞社〉
ループ化ですすきの交差点を走行する市電

肉声の街

今、札幌の街なかには、音はあるけれど声がない。人声に満ちた時代はもう戻らないのだろうか。正月には初荷の馬そりが鈴を鳴らし、門づけの獅子舞が家に訪れたし、近所に名刺を配って挨拶する習慣もあった。春にはニシン売りの声が響き、夏は金魚売りののどかな声が、風鈴のゆれる音と一緒にずっと遠くからも聞こえてきた。納豆売りの声、とうふ屋のラッパは毎朝聞いていた。

「ハサミ、カミソリ、包丁のとぎなおーし」

キセルの手入れと羅宇《らう》（キセルの首と吸い口をつなぐ竹の管）の取り替えは、カン高い汽笛のような音を響かせながらやって来た。

煙草の主流はキセルを使う刻み煙草。それが戦場での必要性から紙巻きに移り、両切りから吸い口つきになった。キセル屋はキセルの手入れをしながら注文した老人とのんびり世間話をしていたものだった。

春秋は庭先で畳屋が表替えをした。畳一枚分の大きさの木枠の台を持ち込み、その上で変わった形の包丁でへりを外して新しい表を乗せ、ヤカンの水を口に含み、プッと器用に吹きかけた。畳針をしごく右肘の大きなタコとちからコブ。その夜はすがすがしいイグサの匂いで、家族は幸せになるのだった。

春を呼ぶ金魚売りの声
昭和33年（1958）〈北海道新聞社〉

小商いの商人と職人が街の暮らしの本流だった。あの人たちの出す声や音はみな本物だった。スピーカーを通したものなどなかった。消えたのは、昭和三十年ごろだろうか。

そういえば、最後まで消え残った肉声はススキノの小さな居酒屋やバーをめぐる「流し」の歌声だったのかもしれない。

肉声は、もう本当に消えたのか。［朝］

第四章

十区の街並み

十区の魅力と十の個性

札幌は未開の原野から始まり、開拓使が置かれてからおよそ百五十年になる。短い歳月の間に人口二百万人に届こうかというほど大きな都市になった。何がこれほどの人口増をもたらしたのだろう。残念ながら札幌には特段の大企業もないし、生産物もこれといって国内他地域に誇るものもない。観光資源もそう珍しいものはない。住み心地も冬の寒さと雪の量を考えると、慣れていてもうんざりという気になる。

それでも好きな町だ。この進展ぶりはどうだ。

ひょっとして、ここに集まった新旧の写真の中から、その答えを見つけることができるのではなかろうか。

戦争が終わった昭和二十年（一九四五）の札幌市の面積は七十六平方キロメートルだったが、昭和二十五年（一九五〇）に白石村、三十年（一九五五）には琴似町・札幌村・篠路村、三十六年（一九六一）には豊平町、四十二年（一九六七）には手稲町とそれぞれ合併し、現在では千百二十平方キロメートルと、およそ十五倍に拡大。以降、それぞれの地域の歴史や文化をひとくくりにして、札幌の顔を築いてきた。

現在の札幌の町は十区に分かれている。この区割りは昭和四十七年

（一九七二）、市が政令指定都市に移行したことから始まった。当初は中央・北・東・白石・豊平・南・西の七区だったが、平成元年（一九八九）に白石区から厚別区が、西区から手稲区が分区し、平成九年（一九九七）には豊平区から清田区が分区して、十区体制となった。

区が誕生した当時は一強他弱で、町の中核である中央区を除いてはそれほど個性を持った区もなく、各区の特徴をひと言で伝えるのは無理だった。しかし、それぞれの区は新しいふるさとの歴史を発掘したり、市民参加の新たなまつりなどを創造したりして競い合い、協力し合ってきた。相応の歳月を経た今、ようやく個性が芽生えたような気もする。[朝]

道庁上空からの都心（合成）
平成29年（2017）〈北海道新聞社〉
かつての原野を埋め尽くすビル群。
6枚の写真を合成したもの（小型無人機で撮影）

円山動物園
昭和32年（1957）〈北海道新聞社〉
円山には、野球場や陸上競技場など多くの施設があるが、当時から市民に最も親しまれているのが動物園だ

中央区

札幌は近隣町村との合併で市域を広げてきた。しかし中央区はそれらの地域を含まない（戦前の円山町を除く）。戦後、盛んに合併が行われる以前からの町だと言っても良い。

札幌を代表するイベント、雪まつりやビアガーデンなどを行う大通公園。北海道の総鎮守北海道神宮に接し、動物園や野球場、陸上競技場と一体となっている円山公園は、桜の名所でもある。さらに、ボートが浮かぶ池とそれを取り巻く庭園や八窓庵、豊平館のほか、コンサートホールや文学館などの文化施設に満ちた中島公園。これら札幌の三大公園が区内にある。後発ながら旭山公園がこれを追随している。

宮の森・大倉山の二つのスキージャンプ競技場の存在も忘れてはなるまい。

創成川の東には、観光客に評判の二条市場がある。かつてここは全道へ運ばれる品物の集散地だった。現在の市場部分が荷駄の置き場とせり場、二階が馬夫の宿泊所だったという。

今、この市場の奥や北側一帯では、若者たちがユニークな店づくりや物品販売を行っており、創成川イーストと呼ばれる注目の地区となっている。ここから札幌の新しい文化が生み出されるのも夢ではない。［朝］

円山頂上からの展望
平成13年(2001)〈札幌市公文書館〉
明治のはじめには、この山頂の石が建築資材に使われた

花見の宴(円山公園)
昭和53年(1978)〈北海道新聞社〉
桜前線到来とともに、札幌も活気づく。明治以来、円山での花見は、札幌の春の風物詩だった

円山八十八カ所
平成13年(2001)〈札幌市公文書館〉
大正3年(1914)に円山山頂までの登山道が開かれると同時に、有志の寄進で88体の観音像が置かれた

裏参道

昭和62年(1987)〈北海道新聞社〉

このころ若手経営者のファッションテナントショップが増加した

円山朝市(北1西24)

平成9年(1997)〈北海道新聞社〉

対面販売が敬遠されてか、平成9年6月いっぱいで104年の歴史を閉じた

中島公園の
ウオーターシュート

昭和35年(1960)〈北海道新聞社〉

長い滑り台を下るボートが着水する瞬間に舳先のお兄さんが見事にジャンプする。中島子供の国とともに誕生した人気アトラクション

中島プール(中島公園)

昭和10年代〈北海道博物館〉

大正12年(1923)、採氷場を夏場にプールとして開放したことにはじまる。平成8年(1996)閉鎖

中島子供の国（中島公園）
平成3年（1991）〈北海道新聞社〉
昭和33年（1958）に開催された北海道大博覧会をきっかけに造られた遊戯施設。平成6年（1994）に円山動物園内に移転

西屯田通り（南9西13）
昭和36年（1961）〈北海道新聞社〉
屯田通りの名は、明治9年（1876）に東北地方から240戸の屯田兵がこの地に入植したことによって付けられた

山鼻屯田兵村は、およそ今の西7丁目から西20丁目、南3条から南31条の区域で、西9丁目通りと西13丁目通りにそれぞれ120戸の兵屋が南北に立ち並んでいた。屯田兵の制度は、北辺の警備と北海道開拓を目的に明治6年（1873）に決定され、同8年の西区琴似をはじめとして、同9年の山鼻など全道に入植していった。同37年に制度が廃止された後は、農業ばかりでなく商工業にも従事するなど、屯田兵は広く地域の発展に寄与した

東屯田通り（南7西9）
昭和42年（1967）〈北海道新聞社〉
東屯田通りは緩やかな傾斜地で、東屯田坂商店街と呼ばれていた

行啓通り（南14西7）

平成13年（2001）〈札幌市公文書館〉

南14条通りの西6丁目から西10丁目までを「行啓通り」と呼ぶ。明治44年（1911）に皇太子（後の大正天皇）が行啓したことに由来する

伏見稲荷のたくさんの朱塗りの鳥居をくぐりながら緩い坂を上ると、春は見事な桜が出迎えてくれる。広場の右奥には、円山地区の発展に尽くした開拓者・上田万平を讃える「上田一徳翁之碑」などの記念碑が並ぶ

伏見稲荷の桜

平成20年（2008）

市立図書館界わい

今は市中央図書館が建っている場所はかつて札幌師範学校のあったところだ。師範学校より同じ敷地内にあった付属小学校のほうが、市民に知られていた。成績優秀でお金持ち、男女児童とも試験に合格してやっと入れる学校で、先の尖った三角形に房がヒラヒラしている風変わりな制帽が特徴だった。町なかの腕白坊主は、この制帽をはやし立てたりしながら、何となく一目置いている風情があった。

師範学校の建物は、かつては札幌市街の南の端を示すランドマークだった。この校舎を見かけるのは、オイラン淵（現藻南公園）に炊事遠足に行くとき、石山通りを南に歩く際だ。家並みがまばらになり、代わりにリンゴ園が目立ち始めると、木の間からぬっと薄茶色の大きな鉄筋ビルが姿を見せる。「ああ、ここで札幌の市街は終わりだ」。事実その先はどこまでもホップ園が連なっていた。市電の通る道を境に北はおよそリンゴ園、南が軍艦岬近くまでホップ園というのが地割りのような感じだった。

戦中の秋、小学生がホップ摘みに動員されたことがあった。電柱のような長い棒に巻き付いて天に伸びているホップを、実も葉も茎も切り取ってしまって、そこから、うずらの卵ほどの大きさの青い実を採る作業だった。途中からは仕事はそっちのけで、同様に動員されていた隣の小学校の子供たちとにらみ合いののしり合って一日を過ごした。昔の子供はスポーツのように他愛のない喧嘩をしたものだった。

師範学校は学芸大学さらに教育大学と名を変え、周辺は農地がどんどん消えて民家や商店となり、大学も北へ移転した。南のシンボルを図書館とするにはちょっと小さい。〔朝〕

北5条通り（西12・13丁目付近）
昭和36年（1961）〈北海道新聞社〉
桑園地区は、昭和30年代後半から繊維問屋が進出して、静かな住宅街は大きく変貌した

中央図書館界わい（南22西13付近）
平成3年（1991）〈北海道新聞社〉
中央の小公園の左に建つのが市中央図書館

北海道大博覧会・桑園会場（北12西20）
昭和33年（1958）〈北海道新聞社〉
開道90年記念の博覧会は、中島公園、桑園、小樽の3会場で開催された。桑園会場は博覧会終了後、札幌市中央卸売市場となった

北区

北区の形は、大きな朝顔の花とそれに止まる蝶に似ている。花にあたる部分が都心と接するのはJR札幌駅。北口から線路沿いに桑園駅の手前（市立病院の裏道）まで、一キロにも満たない幅だ。

創成川の左岸を茨戸まで北へ、西側は新川沿いに石狩市との境界まで三角形の朝顔が花を開く。さらに北辺は篠路から創成川を渡って石狩川まで広がり、蜜を吸う蝶のように羽を広げた形になっている。

基部に近い幌北や鉄西地区は、北海道大学のほか私大や短大も集まった文教地区であり、札幌飛行場もかつてこの地にあった。札幌～東京間の民間定期航空路もここから始まった。

農地も多く、都市近郊農場として市民に新鮮な野菜類を提供してきた。開拓の根幹であった屯田兵の遺産などが大切に保存されてもいる。

新興のあいの里は大規模な住宅団地で、北海道教育大学もここにある。［朝］

北大教養部前

昭和33年(1958)〈北海道新聞社〉

車の騒音が問題化しはじめたころの北大構内。観光バスやタクシーに加え、自動車やバイクの練習場がわりに使う者もあって規制が急がれていた

大学前通り(北7西5付近)

昭和36年(1961)〈北海道新聞社〉

昭和38年の札幌駅北口開設が待たれた頃の鉄西地区

北区役所上空から北を望む

昭和57年(1982)〈北海道新聞社〉

右側上下に延びる道は西5丁目通り。左手前のL字の建物は白楊小学校。札幌新道の高架をはさんでマンションが並ぶ

北区側からの西5丁目陸橋

昭和39年(1964)〈北海道新聞社〉

昭和7年12月に竣工した陸橋は、交通量の激増で傷みの激しさが心配されると、この写真が付された記事は報じている。札幌駅の高架化に合わせて昭和63年に解体

北24条西5丁目交差点

平成12年（2000）〈札幌市公文書館〉

中央正面奥の建物は昭和61年（1986）開業の札幌サンプラザ。ここはかつて市電の幌北車庫だった

麻生の西5丁目交差点

昭和62年（1987）〈北海道新聞社〉

都心と結ぶ西5丁目通りと石狩市とを結ぶ樽川通りの交差点に、丘珠空港通りの始点が取り付けられた五差路

完成直後の麻生球場

昭和55年（1980）〈北海道新聞社〉
中島球場に代わる施設として、創成川下水処理場の上屋を利用して開設した麻生球場

大根馬車の行列

昭和28年（1953）〈北海道新聞社〉
かつて新琴似は漬物用大根の産地で、秋には都心に向かう馬車の列が石狩街道などで続いた

新琴似麻生商店街

昭和42年（1967）〈北海道新聞社〉
鉄北線の終点・新琴似駅前から麻生交差点に続く商店街。石狩や篠路方面への中継地で、飲食店も多い

篠路駅周辺の倉庫群

平成2年（1990）〈北海道新聞社〉

昭和のはじめにはタマネギの出荷でにぎわった篠路駅周辺も、今は住宅街となり、倉庫群だけが往時を伝える

篠路獅子舞

平成9年（1997）〈北海道新聞社〉

豊作を祝う奉納舞。丘珠獅子舞とともに、札幌では珍しい伝統芸能

屯田防風林

平成6年（1994）〈北海道新聞社〉

明治期に植林された延長2.1㎞の防風林は、新琴似地区と屯田地区の境界に位置している

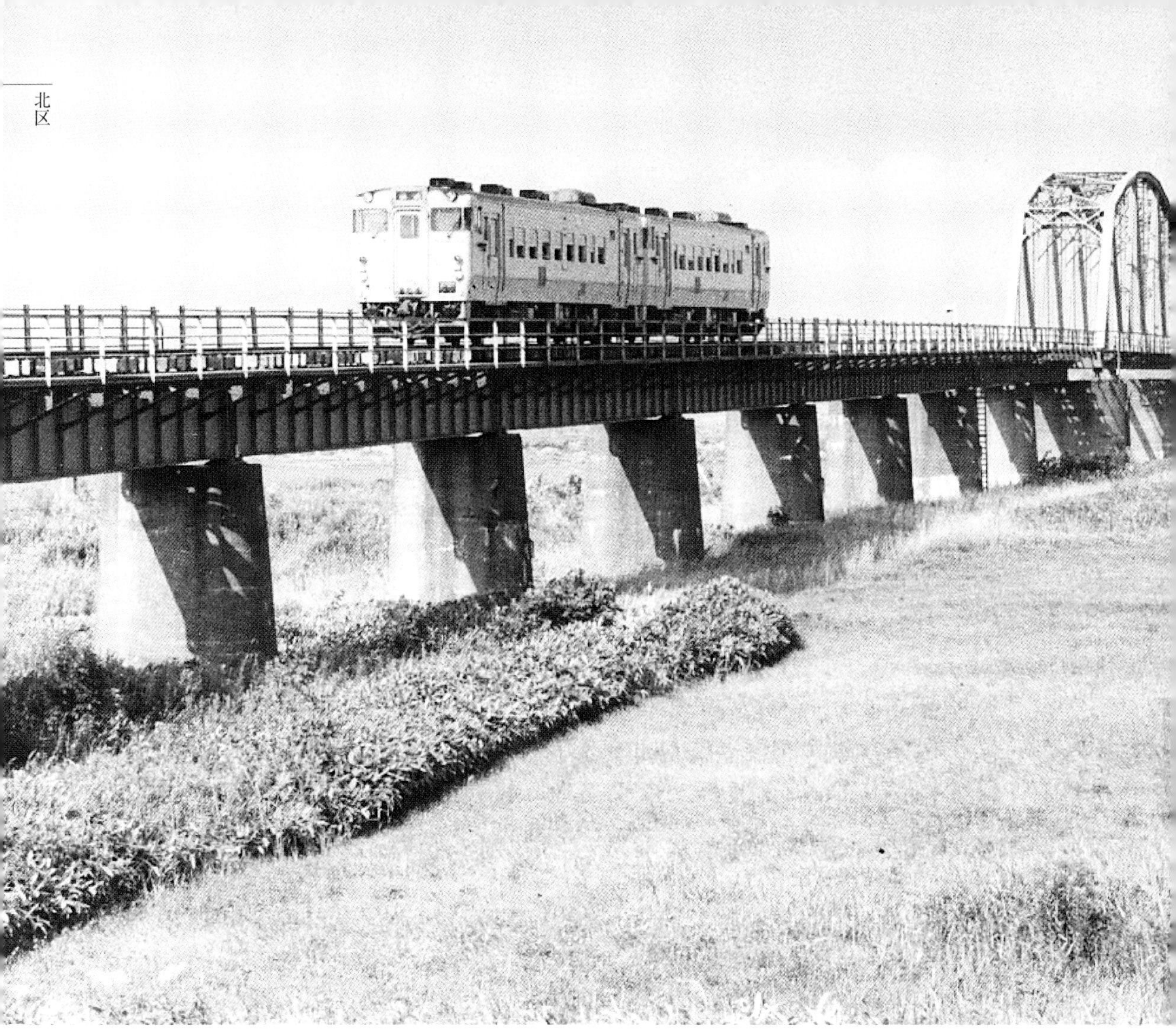

札沼線・石狩川橋梁

昭和60年(1985)〈北海道新聞社〉

札沼線のあいの里公園駅と当別町の石狩太美駅を結ぶ、石狩川にかかる鉄橋。初代は昭和9年(1934)11月に開通した。このあたりは昭和12年の字名統合で篠路町拓北となったが、それまでは釜谷臼(かまやうす)と呼ばれており、昭和33年に鉄橋に近いところに駅が新設された際、「釜谷臼駅」とかつての名が復活した。同駅は現在「あいの里公園駅」に変わっている。

ニュータウンあいの里

平成12年(2000)〈札幌市公文書館〉

1980年代から造成がはじまったあいの里は、明治15年(1882)に徳島県から入植があった地で、藍の栽培が盛んだったことから、ニュータウンの名になった

東区

札幌の開墾は、幕命で旧札幌村に入植した大友亀太郎によって進められた。市内農業はここから始まった由緒ある土地柄の区である。JR苗穂駅裏にある元ビール工場は、日本最大のビール園とも言われ、サッポロビール博物館、プロ野球北海道日本ハムファイターズの練習場、ショッピングセンターなどが集まり、多くの観光客や市民でにぎわっている。

道道二七三号・花畔札幌線といってもピンとこないが、元村街道・丘珠街道、若い人たちにはファイターズ通りといった方が分かるだろうか。創成川と函館本線が交差するあたりから北東に延びる細い道だが、開拓の当初は札幌から茨戸を経て石狩に至る唯一の街道だった。もともとは鹿が通うけもの道だったが、本府建設が本格化すると、その玄関口の石狩とを結ぶため石狩街道と呼ばれた。

やがて茨戸~札幌間に運河（現・創成川）が開削され、明治四十三年（一九一〇）には、運河沿いに馬鉄も敷かれる。石狩街道の名もこちらに移って、旧街道は元村街道となった。

大正十二年（一九二三）には札幌乗合自動車が、札幌停車場から元村入口までのバス事業を開始。その後、路線は丘珠まで延長されて丘珠線となり、街道名も丘珠街道となった。［朝］

石狩陸橋

昭和37年(1962)〈北海道新聞社〉

札幌駅の東側に、昭和36年に開通した跨線橋。昭和63年の函館本線高架化で西5丁目陸橋とともに姿を消した

東区役所上空から北東を望む

昭和57年(1982)〈北海道新聞社〉

左手前の校庭は北光小学校。その右手前に東区役所、その向かいには光星団地がみえる

旧石狩街道(東1丁目)

昭和42年(1967)〈北海道新聞社〉

昭和47年の札幌オリンピックを契機に、創成川両岸に片側3車線が開通。そちらに街道の名を譲り、この道は旧道となった

東8丁目通り

昭和51年(1976)〈北海道新聞社〉

北光線とよばれかつては東区のメイン通りだったが、昭和63年の地下鉄東豊線の開通で人と車の流れは変わった

モエレ沼公園の基本設計は、世界的な彫刻家イサム・ノグチが手がけ、「全体をひとつの彫刻作品とする」というコンセプトのもとに造成された。昭和57年（1982）に着工し、平成17年（2005）にグランドオープンした公園内には、不燃ゴミと公共残土を積み上げて造成された高さ52mの東区唯一の山「モエレ山」がそびえている

苗穂踏切

昭和38年（1963）〈北海道新聞社〉

この写真が掲載された記事によると「苗穂踏切は1日の交通量1万5千台、貨車の入れ替えでもあれば踏み切りの両側に3、40台の車が並んでしまう」とあるが、苗穂アンダーパスが開通したのは昭和63年のことだった

環状通東駅界わい

平成元年（1989）〈北海道新聞社〉

昭和63年（1988）に地下鉄東豊線が開通して、高層ビルが立ち並ぶ街へと変貌した

鉄東商店街（北8東5）

平成12年（2000）〈札幌市公文書館〉

元村街道（丘珠街道）に沿って開けた商店街は、現在は北海道日本ハムファイターズの屋内練習場に近いことから「ファイターズ通り」の愛称で親しまれている

モエレ沼公園
平成29年（2017）〈北海道新聞社〉

環状通り（北16東19・本町2-1）
平成6年（1994）〈北海道新聞社〉
環状通りは、札幌市の急速な人口増加と市街地拡大に対応するために構想され、昭和42年から整備がはじまり、平成13年に北大構内のエルムトンネルの供用開始で全線開通した

国道12号（白石本通2付近）
昭和52年（1977）〈北海道新聞社〉
白石中央は、明治4年（1871）に仙台白石藩士が入植して以来、白石地区の中心だった

白石区

区域は豊平区の北側一帯。西は豊平川、東は厚別川に挟まれている。戦後に札幌市と合併した白石村を中心としている。

区内には、かつて苗穂から東札幌という駅を経て北広島に至る旧国鉄千歳線の軌道が通っていた。その東札幌の駅構内跡には、国際会議場の札幌コンベンションセンターが建っている。そのすぐ北の国道一二号は一部が立体交差（陸橋）になっているが、これは昔の千歳線との交差の名残である。この軌道の跡地は、サイクリングロードとして親しまれている。

ＪＲ白石駅から国道までは小売商店が立ち並び、さらに国道に沿って東西に続いているほか、地下鉄白石駅からも南郷通り沿いに商店街が形成されている。さらに平和通りや北郷通り沿いにも、それぞれに店などが平行に並んでいる。近隣住民としては便利だが、目玉店もどこかにという声もないではない。

白石ではかつて良質な粘土が産出され、れんが製造が盛んだった。旧道庁、ビール工場、五番舘などの赤れんがにもこれが用いられた。［朝］

菊水3-1交差点
昭和44年（1969）〈札幌市公文書館〉
昭和41年にカローラやサニーなどの大衆車が発売されマイカーブームが到来すると、街のいたる所で車が氾濫した

旧白石区役所上空から東を望む

昭和57年（1982）〈北海道新聞社〉

縦に並行する幹線は右が本郷通り、左が国道12号。手前の本郷通り沿いに旧白石区役所がみえる

本郷通り商店街

昭和51年（1976）〈北海道新聞社〉

本郷通りは、市内ではじめて歩道を拡幅して買い物遊歩道が実現した通りだ

菊水銀座（菊水3-2）

昭和42年（1967）〈北海道新聞社〉

南1条橋を渡って最初の信号を左に折れると菊水銀座。今はマンション街に変わった

地下鉄・白石駅界わい（東札幌2-6）

昭和53年（1978）〈北海道新聞社〉

地下鉄東西線開通とともに、かつての農業地帯は住宅街となり、平成28年（2016）11月には区役所や保健センターも移転して来て、名実ともに白石区の中核となった

白石れんが

大正七年（一九一八）の「食物番附」の西の関脇に元村のタマネギが挙げられているが、その隣の小結に江別の煉瓦餅が健闘している。今でもれんがといえば江別市野幌の印象が強いが、道庁赤れんが庁舎やサッポロビール第二工場に使われているれんがは白石産だ。

札幌でれんがを本格的に生産したのは、明治十七年（一八八四）に今の白石区平和通六丁目（当時の札幌郡白石村北郷）で開業した鈴木煉瓦製造場だった。幌内鉄道の工事や道庁、ビール工場、帝国製麻をはじめ東京駅にも使われたという。また明治十九年には月寒分工場で瓦の生産もはじめ、師範学校や二十五連隊の屋根瓦、さらにはカメや土管なども製造した。

しかし、明治三十一年（一八九八）に北海道炭砿鉄道が自ら野幌煉化工場を設けたことや、鉄筋コンクリートの普及で札幌のれんが産業は不振となり、鈴木煉瓦製造場も大正十一年（一九二二）に閉鎖された。

そんなれんが工場の歴史を伝える数少ない遺構が白石本通墓地（白石区平和通一〇）にある。愛知県からやってきた瓦職人野田荒吉による妻や子供、孫たちの土管の墓だ。高さ八十センチメートルほどのロケット型の墓には、力強く墓碑銘が刻まれ、職人の誇りが見て取れる。［赤］

鈴木煉瓦製造場（現・平和通6付近）
明治30年代
〈北海道大学附属図書館北方資料室〉
明治17年（1884）に開業したれんが工場。左手の建物はれんがを焼く登り窯

厚別区

北海道開拓の村
平成13年（2001）〈北海道新聞社〉
開拓の村の旧信濃神社（厚別中央4-3から移築）前で、氏子たちによる秋祭り

札幌の副都心と呼ばれる新札幌を中心にすえた地域。成長ぶりと人口の急増に合わせ、平成元年（一九八九）に白石区から分区した、力にあふれる区である。以前は白石村の一部だった。

一帯を流れる厚別川が区名の由来で、いまだに上流の俗称アシリベツと呼び習わしている古くからの住民も少なくない。旧国鉄の厚別駅が明治二十七年（一八九四）に誕生、信濃からの入植者が一帯を開墾したのが歴史の始まりだ。終戦後も数年間は、駅に近い信濃小学校でも全校児童が一学級の単級複式だったほどで、後にここが大きな都市構造になるなど考えもしなかった。

新札幌と呼ばれる辺りは、戦前から軍の火薬庫があったとされ、一般人の立ち入りが禁止されていたのも発展を拒んできた理由だろう。その後昭和四十八年（一九七三）に国鉄新札幌駅が誕生し、ここに副都心マスタープランが作成され、商店と住宅団地が計画的に造成されていった。

昭和五十七年（一九八二）に地下鉄東西線が延伸開通、公共施設やホテル、大規模小売店もできて周辺は大きな変貌を遂げた。

青少年科学館、水族館なども抱え、区の東部にはＩＴ関連企業が集まるテクノパークもある。

旧千歳線跡のサイクリングロードが区南部を東西に貫き、利用者が心地よい汗を流している。厚別公園競技場ではサッカーの北海道コンサドーレ札幌を応援する声が響き渡る。［朝］

計画が動き出した札幌副都心

昭和52年(1977)〈北海道新聞社〉

国鉄(現・JR)新札幌駅を中心に、昭和50年から副都心開発がはじまった

厚別駅前

昭和36年(1961)〈北海道新聞社〉

明治16年(1883)に信濃(現・長野県)から8戸が、現在の函館本線厚別駅周辺に入植したのが厚別区の始まり。今も神社や学校名などに故郷「信濃」の名をとどめている

厚別地区商店街（厚別中央3-2）

昭和44年（1969）〈札幌市公文書館〉

国道12号は、明治5年（1872）に都心から白石、明治23年には白石〜江別間が開通し、やがて厚別停車場通りの交差点周辺に商店街が形成された

もみじ台団地

昭和51年（1976）〈北海道新聞社〉

昭和34年から41年にかけて造成された団地名の「ひばりが丘」は公募で決まり、その後の大規模団地には、夏の「青葉」（43年完成）、秋の「もみじ」（55年完成）と、季節にちなんだ名がつけられた。

旧ニチイ大谷地店

（現・東光ストア・大谷地東3）

平成2年（1990）〈北海道新聞社〉

平成元年に地下鉄駅直結の大型商業施設としてオープン。札幌ではスポーツクラブを併設する商業施設の先駆けとなった

雪印バター誕生の記念館(上野幌1-5)
平成21年(2009)〈札幌市公文書館〉
大正15年(1926)に雪印乳業の前身「酪連」が本格的なバターの製造・販売を始めた場所

雪印バター誕生の地

雪印種苗の園芸センターやかつてのスケートセンターがあった国道二七四号から南に入ったあたりに、「雪印バター誕生の記念館」(上野幌一—五)がある。雪印乳業の初代社長の佐藤貢が、北海道製酪販売組合連合会(酪連)の技師として、大正十五年(一九二六)に雪印バターの本格的な製造・販売を始めた場所だ。

佐藤は、毎日製造機のバターチャーンを回し続けたために腕が腫れあがり、夜も眠れなかったことや、出来上がった製品の取引先を求めて酪連の黒澤酉蔵が東京に出て、「雨の日はわらじ履きにみのがさ付けて、町々を回った」ことなど、草創期の人々の情熱を自伝『蚯蚓(ミミズ)と牛乳 感謝の生涯』に綴っている。

この本のタイトルに「蚯蚓」が入っているのは、佐藤が小学校五年生の夏休みに肺炎になり医者も見放したが、父の友人が持ってきてくれた干した蚯蚓の煎じ薬のお陰で九死に一生を得たことに由来するという。また蚯蚓は「年中地下にあって無報酬で土地を耕し、肥沃にしてくれる」と、信仰篤いクリスチャンの素顔をみせる。札幌は横浜・熊本とともに、日本のプロテスタントの発祥地のひとつ「札幌バンド」といわれるが、草創期の酪連には、こうした札幌人の魂がみなぎっていた。(敬称略)

[赤]

3連アーチの豊平橋

昭和33年（1958）〈北海道新聞社〉

3連アーチの鉄橋が完成したのは大正13年（1924）。旭川市の旭橋と、釧路市の幣舞橋とともに、北海道の三大名橋といわれたが、自動車の普及で渋滞の原因となり、昭和41年に現在の橋に架け替えられた。遠くにみえるテレビ塔が新時代の到来を告げている

豊平区

安政四年（一八五七）、幕府は銭函から豊平を通って千歳に至る道路の造成を計画し、豊平川に渡船場をつくり右岸に志村鉄一を渡し守として配備した。およそ十五年後、この道は札幌本道となり函館と札幌を結ぶ大幹線（国道三六号）に成長していった。

その沿線には岩手県から続々と入植がはじまり、リンゴ農家などの集落ができて豊平・月寒・平岸の三村が誕生、その後三村合併で豊平村となり町になった。このうち札幌本道に接する区画の一部を札幌区に分離し、役場は豊平から月寒に移った。

明治二十九年（一八九六）からは、月寒に陸軍歩兵第二十五連隊が駐屯。兵舎などのほか、将校用の官舎などが並ぶ基地となり、軍人相手の小商店や飲み屋でにぎわった。

定山渓温泉もかつては豊平の延長にあった。三六号沿いには私鉄・定山渓鉄道の豊平駅をしのばせる駅前広場の痕跡がわずかに残っている。

西岡公園は二十五連隊の給水の水源地として造成された。ここに造られた水道施設は札幌最初の水道である。

平岸地区には、よさこいソーラン祭りの常連で、最も多く大賞を得ているチーム〝平岸天神〟の名の元になっている社がある。

区内の二本の道路に奇抜なニックネームがついている。一つは、二十五連隊と月寒住民の親密さを表す「アンパン道路」。平岸と月寒を結ぶ線で、兵士の協力で造成されたので、住民が感謝を込めて兵士にアンパンを配ったことから名付けられた。もう一つは「弾丸道路」で、三六号の千歳までを言う。米の駐留軍が車を迅速に行動させるため、第一に舗装化した道である。まさに実戦用の軍用道路とアメリカは見ていたのだろう。［朝］

豊平小学校上空から
南東を望む

昭和57年（1982）〈北海道新聞社〉

左上下に延びるのが国道36号、右手前L字が豊平小学校、その上に北海道製綱、豊平墓地。北海道製綱手前の道と36号との交差点に定鉄豊平駅もみえる

豊平駅前通り

昭和37年（1962）〈北海道新聞社〉

かつての定山渓鉄道豊平駅前。都心と結ぶ市電が国道36号から入ってくる

国道36号（豊平4-10付近）

昭和62年（1987）〈北海道新聞社〉

北洋相互銀行の向かい側に定鉄豊平駅があり、豊平地区の中心地だった

月寒中央（月寒中央通7）

昭和58年（1983）〈北海道新聞社〉

月寒には明治29年（1896）に歩兵第25連隊が置かれ、豊平町（昭和36年合併）の中核だった

地下鉄・平岸駅周辺
平成2年（1990）〈北海道新聞社〉
平岸は明治4年（1871）に開拓がはじまり、リンゴの産地として栄えた

札幌ドーム全景
平成20年（2008）〈北海道新聞社〉
平成13年完成。天然芝サッカー場が屋外から移動して、野球用人工芝グラウンドとの切り替えが可能な世界初の施設

北海道立産業共進会場
平成28年（2016）〈北海道新聞社〉
昭和47年（1972）開場。数々の催しの会場となったが、老朽化で平成28年3月閉鎖

平岸リンゴ

今や札幌の初夏を代表するイベントとして定着した「よさこいソーラン祭り」、その中で大賞の常連となっているのが「平岸天神」だ。その名の由来は、豊平区と南区の境の丘陵にある平岸天満宮（平岸二―一六）である。

平岸天満宮は、明治三十六年（一九〇三）五月、狸小路一丁目で酒屋・三国屋南部源蔵商店を営んでいた南部源蔵が、郷里の太宰府天満宮からの分霊を天神山に祀ったのが始まり。ちなみに昭和七年（一九三二）のロサンゼルスオリンピック陸上男子三段跳金メダリストの南部忠平は、南部源蔵の三男である。

平岸天満宮の隣接地一帯は天神山緑地と呼ばれ、札幌生まれの劇作家・久保栄の「林檎園日記」碑がある。若き日に平岸でスケッチを楽しみ、戯曲「林檎園日記」の舞台となっていることにちなんで建立された。

また平岸一帯は、リンゴ栽培が盛んで、最盛期にはロシアやシンガポールにも輸出されていた。そんな地域の歴史を讃える「平岸林檎園記念歌碑」も同緑地に建ち、「石狩の都の外の　君が家　林檎の花の散りてやあらむ」の啄木の一首が刻まれている。［赤］

平岸天満宮
平成20年（2008）

清田区

清田区役所周辺（平岡1-1）
平成9年（1997）〈北海道新聞社〉
清田区は平成9年に豊平区から分かれて誕生。1970年代から民間の手で大規模な宅地開発が行われた新興の住宅地である

昭和十九年（一九四四）当時の豊平町役場は町内の字名のほとんどを改正する決定を下した。清田・真栄・北野・平岡が坂の上と呼ばれた土地から生まれ、三里塚などは里塚・有明と改称した。三里塚というのは、都心からここが三里の位置にあるという石標が建てられていることに由来する。里程を表す地名が消え、歴史的価値も情緒も改称と共に消えた。でも三里塚という名称は、小学校名をはじめ今も各所に残っている。

清田という呼称は住民の中で最も評判が良く、団地名や公園名などに多く使われ、平成九年（一九九七）に豊平区から分区した際も区全体の呼称として使用されることとなった。地名改称は、地形の特徴や将来の繁栄期待などさまざまな意味を込めて決定するのだろうが、ここを清田と定めた頃は現在のように都市化することは予想しづらく、恐らくは美しい田園が平和に保たれるようにと、農村らしい繁栄を願ってこの地名を決めたのではなかろうか。

札幌最大の墓地があり、近代的な火葬場もあり、札幌の大切な部分を担っている土地柄でもある。［朝］

平岡樹芸センター（平岡4-3）
平成16年（2004）〈北海道新聞社〉
およそ100mのノムラモミジの赤いトンネル。平岡樹芸センターは、昭和59年（1984）に開園。面積は2.9haの情緒あふれる日本庭園である

東北通り・清田消防署北野出張所前（北野7-5）
平成12年（2000）〈札幌市公文書館〉
東北通りは豊平区と白石区の境界で、白石区側の呼び名は栄通り

旧・ダイエー清田店前（現ヤマダ電機・清田1-1）
昭和57年（1982）〈札幌市公文書館〉
国道36号と清田通りの交差点。清田通りの突き当たりには札幌国際大学がある

市営美しが丘団地（美しが丘4-6）
平成21年（2009）〈札幌市公文書館〉
美しが丘西公園から望む美しが丘団地

東部ニュータウン

昭和62年（1987）〈北海道新聞社〉
厚別区から清田区にまたがるニュータウンには約1万戸の住宅が整然と立ち並ぶ

平岡公園の梅園

平成6年（1994）〈北海道新聞社〉
平岡公園は春の梅林、初夏にはホタル、秋の紅葉と、四季をとおして市民に親しまれる

国道36号旧道（里塚1-2,3）

平成25年（2013）〈北海道新聞社〉
里塚小唄は「曲がりくねってのぼっており て」と、旧道が難所であることを唄っている。中央は札幌南青洲病院（現・札幌南徳洲会病院）

札幌オリンピックの会場

昭和46年（1971）〈北海道新聞社〉

当時、開会式が行われた屋外スピードスケート場（下）と、フィギュアスケートなどの会場となった屋内スケート場（上）

米軍真駒内キャンプ

昭和32年（1957）〈北海道新聞社〉

陸上自衛隊真駒内駐屯地は、かつての真駒内種畜場。戦後は駐留軍に接収され、米軍の兵営地だった。全面的返還は昭和33年

南区

南区は札幌の全面積の六割を占める最大の区である。その大部分は支笏洞爺国立公園に含まれる山岳地帯で、標高千メートルを超える山が十七座もある。札幌のシンボルとされ、多くの校歌などに登場する藻岩山も実は南区だ。もいわ山ロープウェイは山麓駅が中央区、山頂駅が南区で、頂上からの展望を楽しむ人やスキー場を利用する人など、観光やスポーツでにぎわう山だが、天然記念物の原始林を抱えた山でもある。

真駒内地区は終戦まで皇室の御料牧場があり、のちに駐留軍のキャンプが造られ、返還後は自衛隊が駐屯し、住宅団地も造成された。その後、札幌オリンピックの開会式を行った屋外リンクを始め、フィギュアスケート、アイスホッケーの競技が行われた屋内スケート場などが建設された。

定山渓地区には札幌の水がめ、豊平峡ダムと定山渓ダムがある。温泉は全国にその名を響かせている。

札幌開拓に大きく貢献した建材、札幌軟石を切り出した石山の南には、野外彫刻を多数展示した芸術の森があり、美術館も併設されている。

芸術とスポーツと温泉と。南区は多彩な顔を持った区だ。［朝］

南平岸駅上空から南を望む

平成23年(2011)〈北海道新聞社〉

「街を這う金の大蛇」は、南平岸～真駒内間4.6kmの地下鉄高架部のシェルター

真駒内本町(真駒内本町5)

昭和43年(1968)〈北海道新聞社〉

豊平区と中央区からの幹線が合流する交差点には、商店や飲食店が軒を連ねる

真駒内駅前通り(真駒内緑町1)

昭和61年(1986)〈北海道新聞社〉

真駒内は区役所など南区の中核で、札幌オリンピックの主会場となり、真駒内駅周辺は選手村となって世界のアスリートたちを迎えた

地下鉄・澄川駅前

昭和62年(1987)〈北海道新聞社〉

西岡や福住方面へのバス乗継駅でもあり、当時から若者向けの店舗や飲食店が多かった

川沿地区を走る国道230号(川沿5-2)

平成12年(2000)〈札幌市公文書館〉

昭和16年、札幌市と円山町が合併するまでは、このあたりは八垂別(はったりべつ)と呼ばれていた。明治42年(1909)から大正7年(1918)までは、石山〜南2条間に馬鉄が走った歴史もある道だ

藤の沢地区（藤野3-3）

昭和42年（1967）〈北海道新聞社〉

藤の沢の地名は、大正7年（1918）定鉄開通にあたり線路敷地を寄付した加藤岩吉と小沢清之助の一字ずつをとって「藤の沢」の駅名としたことにはじまる

簾舞地区（小野崎商店付近）

昭和42年（1967）〈北海道新聞社〉

簾舞は、アイヌ語「ニセイオマップ」（峡谷にある川）に由来する地名。ここには明治5年（1872）に通行屋が設置された

札幌芸術の森

平成18年（2006）〈北海道新聞社〉

芸術の森は、美術館や工房、野外ステージや音楽練習室などが揃う複合文化施設として、昭和61年（1986）に開園した

豊平川から眺める定山渓温泉街

昭和54年（1979）〈北海道新聞社〉

定山渓温泉を走るボンネットバス

昭和30年（1955）〈北海道新聞社〉

中山峠

（札幌市と喜茂別町の境界から喜茂別町側を望む）

昭和37年（1962）〈北海道新聞社〉

明治27年（1894）に定山渓〜洞爺湖間の馬車道が完成して、中山駅逓が開かれ、昭和16年（1941）までつづいた。昭和38年には喜茂別〜中山峠間の新道が完成しており、その直前に無料休憩所がオープンしたようだ

定山渓鉄道（石山付近）

昭和44年（1969）〈北海道新聞社〉

定山渓鉄道は、観光客の輸送と、木材や鉱石などを輸送する目的で大正7年（1918）に開業した。やがてバス便の充実やマイカーの普及で不振となり、昭和44年秋に営業を終えた

僧侶·美泉定山が本格的な温泉開発に取り組んだのは慶応6年（1866）のこと。明治後期から大正にかけて札幌が飛躍的な発展を遂げると、定鉄の開通などもあって、湯治場は札幌の奥座敷としての温泉街に姿を変えていった

西区

琴似駅前の開かずの踏切
（琴似1-1付近）
昭和44年（1969）〈札幌市公文書館〉
鉄道が高架となる前は、札幌屈指の「開かずの踏切」だった

旧琴似駅
昭和52年（1977）〈札幌市公文書館〉

屯田兵の最初の入植は琴似だった。明治八年（一八七五）のことである。札幌本府の守備はこの兵村から始まった。本部や住居、学校などは、現西区役所周辺に造られ、住居の遺構が琴似神社境内と区役所裏にある。

琴似町は、地理的に最もまとまりの良い姿で札幌市と合併した。屯田兵の居住地のうち、表通りに面した部分が商店街となってJR琴似駅と国道をつなぎ、その裏手に住宅が増えて、商店と結び合い、その外側が農地という形状だ。合併した頃からすでにしっかりした町を完成させていたと言って良く、札幌の西の副都心だった。現在は厚別区の新札幌を副都心と呼ぶが、東と西、新旧二つの副都心が存在すると言えるかもしれない。

のちに別の区となった手稲との境界は、ざっくり言うと発寒川だった。しかし分区の際、かつての手稲町のうち、琴似に近い地域は西区に残った。札幌市と手稲町の合併後、地区名は変わっても、学校名は以前のまま残るというようなことが続き、今もこの名から歴史や由緒を知る手がかりともなっている。西野にある手稲東小学校や上手稲神社がそうだし、手稲と札幌の合併を記念して建設された町の資料を保存展示する手稲記念館は、西区西町にあるという具合だ。高速道路札幌料金所は区境の真上にある。［朝］

西区役所上空から
北西を望む

昭和57年（1982）〈北海道新聞社〉
左、縦に延びるのが旧国道5号。右手前、
広い校庭は琴似小学校

1丁目付近の琴似本通り

昭和36年（1961）〈北海道新聞社〉
琴似駅前から南西を望む。通りの先にそびえるのが三角山

1丁目付近の琴似本通り
昭和55年(1980)〈北海道新聞社〉
琴似1-2から北東を望む。昭和51年7月に開店した初代のイトーヨーカドー琴似店が見える

4丁目付近の琴似本通り(琴似2-4)
平成2年(1990)〈札幌市公文書館〉
中央のダイエーは昭和52年(1977)4月開店、平成27年9月からはイオンになっている

6丁目付近の琴似本通り(琴似1-6)
平成12年(2000)〈札幌市公文書館〉
右手の鳥居が琴似神社。左手の木の陰に西区役所がある

西区……点描

昭和五十二年二月のある日

ここに集めた写真は、すべてが昭和五十二年（一九七七）二月のある日のものである。

この頃の日本は、戦後復興を急速に成し遂げ、昭和四十三年以降は世界第二位の経済大国となって、多くの若者が職を求めて都会をめざす時代だった。

もちろん道都札幌も例外ではなく、昭和四十五年に人口が百万人を突破し日本第八位の大都市になり、四十七年二月には第十一回冬季オリンピックを開催、四月には政令指定都市に移行して名実ともに日本の大都市の仲間入りをした。

こうした急激な発展は、街を高層ビルに変え、周辺の畑をモダンな住宅団地に変える一方で、歴史を語る遺構や文化の喪失も著しく、全国的な地域史ブームに火がついた。札幌では、昭和四十七年に各区が誕生すると、区役所が中心となって区ごとの歴史や文化の掘り起こしが進んだ。さらに街の変わりゆく姿を定期的に写真で記録する〝定点観測〟の重要性が認識され、事業化された。

この事業は、昭和五十二年の二月に第一回目が実施され、その後もおよそ十年周期で行われている。その成果は札幌市公文書館で見ることができる。［赤］

西町商店街（西町北7）
昭和52年（1977）〈札幌市公文書館〉

八軒商店街（八軒1西1）
昭和52年（1977）〈札幌市公文書館〉

西野二股（西野5-2）
昭和52年（1977）〈札幌市公文書館〉

西野商店街（西野2-2）
昭和52年（1977）〈札幌市公文書館〉

発寒商店街（発寒12-4）
昭和52年（1977）〈札幌市公文書館〉

手稲区

手稲山から急流で海に落ち込む川の一つに軽川《がるがわ》という、ごろごろと重なり合った石を川床にした流れがあった。開拓のはじめ、小樽から来る荷馬がこの辺りで休息したことから、陸送の中継点として集落ができていったのが手稲の町のはじまりらしい。

明治中頃には手稲山で金鉱脈が発見されて、昭和四十六年（一九七一）の閉山まで採掘が続いた。山腹には当時東洋一とされた選鉱所があり、列車の窓からも、緑の森林とは不釣り合いな光景を示していたものだった。

鉄道の駅は、山小屋を模して白樺の原木を使い旅客を楽しませたし、プラットホームには、手稲山の観光案内板が掲示されていた。

手稲山は札幌オリンピック冬季大会のアルペン、リュージュ、ボブスレーなどの会場として使われ、国際的に有名になった。

西区からは平成元年（一九八九）に分区し、手稲町時代に造られた町の発展と、その他の地域の宅地造成による都市化など、若々しい息吹きがこの区にはある。［朝］

山小屋風の旧手稲駅

昭和52年（1977）〈札幌市公文書館〉

昭和9年2月に落成した2代目駅舎。昭和27年「軽川駅」から「手稲駅」に改称、昭和56年には橋上型の3代目駅舎となった

手稲駅前通り

昭和28年（1953）〈北海道新聞社〉

手稲駅前商店街

昭和42年（1967）〈北海道新聞社〉

旧国道沿いに続く商店街は、明治時代の物資の集積地を起源とし、手稲鉱山とともに繁栄した

手稲駅南口

（手稲区手稲本町1-4・ステーションホテル屋上から）

平成12年（2000）〈札幌市公文書館〉

建設中の4代目駅舎。平成14年に完成し、駅と西友、さらに区役所が連絡通路で結ばれた

軽川と泥炭

手稲駅は、昭和二十七年（一九五二）まで軽川駅と呼ばれていた。軽川は、現在の手稲本町にあたる区域の旧称で、市街の中心を南北に貫流する軽川に由来する。この川は渇水期になるとよく川の水が枯れてしまうので、涸《か》る川と呼ばれていたものが、訛って「がるがわ」になったというのが定説である。

函館本線の北側から新川にかけて広がる前田地区は、大部分が水はけの悪い泥炭層の上にあり、農地とするには苦労が多かった。今では大部分が暗渠となっているが、かつては手稲から発寒にかけての低湿地には、土功排水や炭鉱排水、道庁排水といった新川にそそぐ排水路が掘られていた。

農業の支障となっていた泥炭だったが、物資が不足していた昭和三十年代の初め頃までは、農家だけでなく、手稲町のほとんどの家庭で暖房に使われ、夏場に天日干しした泥炭は、農家にとっては貴重な現金収入ともなっていた。［赤］

前田森林公園
平成7年（1995）〈札幌市公文書館〉
カナールが自慢の前田公園。天気のいい日には正面の手稲山を映す

ていねプール（稲積公園）
昭和57年（1982）〈北海道新聞社〉
ウォーターパークとして昭和57年9月にオープン

山口スイカの収穫
昭和47年（1972）〈北海道新聞社〉

手稲星置団地
昭和55年（1980）〈札幌市公文書館〉

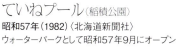

札幌市略年表

年号	札幌の沿革	国内外の主な出来事
安政4年（1857）	在住（屯田武士）として山岡精次郎ら20余人が発寒に入植。志村鉄一が豊平川の右岸、吉田茂八が左岸で渡し守となる。	この年、幕府、箱館入港の外国船のため、釧路白糠で石炭採掘開始。
安政5年（1858）	早山清太郎が琴似川沿いで収穫した米7升（10kg余）を幕府に献納し、金1両3分をうける。松浦武四郎、後の定山渓温泉で湯治、慶応2年ごろから美泉定山が温泉開発に奔走。	6月、日米修好通商条約調印。この年から翌年にかけて、尊攘派志士の逮捕つづく（安政の大獄）。
安政7年（1860） （万延元年）	石狩役所調役荒井金助が自費で募った数十戸を篠路に入植させる。	3月、桜田門外の変。江戸城火災や外交難など続き、万延と改元。
慶応2年（1866）	幕吏大友亀太郎が、現在の元町地区（北13東16付近）に御手作場（幕府の開墾地）を開く。大友堀（後の創成川）を開削。	1月、薩長同盟成立。
慶応3年（1867）	大友亀太郎、御手作場の鎮守として妙見堂の造営に着手（札幌最古の寺・本龍寺の起源。完成は翌年4月）。	10月、将軍、朝廷に大政奉還の上表提出。12月、王政復古の大号令。
慶応4年（1868） （明治元年）	2月、明治政府、蝦夷地最初の役所箱館裁判所を設置。閏4月、これを箱館府と改め、蝦夷地経営の行政をはじめる。	1月、戊辰戦争起こる。3月、五箇条の御誓文発布。7月、江戸を東京と改称。9月、明治に改元。
明治2年（1869）	7月、開拓使が置かれる。8月、蝦夷地を北海道と改め、11国86郡とする（この際、「札幌」の地名が郡名として公式に使われる）。10月、島義勇判官が開拓三神（現在の北海道神宮御神体）を奉じて札幌に入り、本府建設に着手。銭箱（現小樽市銭函）に仮病院（市立札幌病院のおこり。翌年北1東1に移設）。	6月、版籍奉還（天皇に版〈土地〉と籍〈人民〉を返還し、中央集権化）。この年、首都機能を東京に移す。
明治3年（1870）	1月、島判官東京に召還され本府建設中断。4月、酒田県（現在の山形県）募民96戸が、庚午一の村（苗穂）、二の村（丘珠）、三の村（円山）を開く。9月、東本願寺門跡大谷光瑩師が札幌～有珠間の本願寺道路開削に着手（竣工は翌年10月）。	2月、樺太開拓使を置く（翌年8月、開拓使と合併）。9月、平民に苗字使用を許す。
明治4年（1871）	2月、岩村通俊判官札幌に着任し、本府建設再開。3月、奥羽地方からの募民100余戸が月寒、平岸に入植。4月、開拓使仮本庁（北4東1）が竣工し、開拓事業の本拠地が函館から札幌に移る。7月、ケプロン来日。開拓使、遊郭予定地を薄野と称する（薄野誕生）。9月、円山に札幌神社仮本殿落成。10月、資生館（北1東2）が官設される。11月、仙台支藩の白石藩士ら67人が白石地区に入植。この年、最初の豊平橋が架けられるが、以後流失と架橋を繰り返す。	7月、廃藩置県の勅書でる。8月、散髪・廃刀を許可（断髪令）。10月、岩倉具視らを欧米視察に派遣（出発は11月）。

年号	札幌の沿革	国内外の主な出来事
明治5年（1872）	3月、札幌本道(函館～札幌間)の開削に着手(完成は翌年6月)。開拓使仮学校を東京芝増上寺内に設置。白石藩士族47戸が上手稲に入植。4月、岩村判官が御用火事を決行。9月、開拓使庁を札幌本庁と改める。札幌邏卒(警察官の旧称)を設置(翌年大通西3に邏卒屯所新築)。この年、白石に善俗堂（現白石小)、手稲に時習館（現手稲東小）が設けられる。簾舞に官営の通行屋が開設される。	9月、新橋～横浜間に鉄道開通(5月、品川～横浜間で仮開業)。
明治6年（1873）	7月、エドウィン・ダン、米国から開拓使購入の牛・綿羊とともに来日。10月、開拓使札幌本庁落成（12年焼失、赤れんが庁舎北側に史跡として保存)。12月、屯田兵制度制定。	1月、太陽暦施行。徴兵令施行。
明治7年（1874）	6月、開拓使、札幌神社の大祭6月15日を官員や庶民の休業日とする。12月、札幌電信局が開設され、札幌から小樽・函館への公事電信通信はじまる。この年、開拓使の施設を東京から札幌に移したため、お雇い外国人も移り住み、西洋料理や西洋洗濯が札幌に登場。丸井今井呉服店開店。	1月、板垣退助らが民選議院設立建白書を立法府（左院）に提出。2月、島義勇らによる佐賀の乱起こる。
明治8年（1875）	4月、島義勇の従者だった福玉仙吉が、札幌神社境内に桜150本植える。5月、ケプロン帰国。琴似に198戸の屯田兵が入植。6月、酒田県士族157名が桑園21万坪の開墾に着手。この年、東京の開拓使仮学校及び女学校が札幌に移転（移転とともに札幌学校と改称。女学校は翌年5月廃止)。	5月、ロシアと樺太・千島交換条約調印。
明治9年（1876）	2月、邏卒屯所を巡査屯所と改称（翌年3月警察署に)。5月、山鼻に240戸の屯田兵が入植。6月、官設の札幌麦酒醸造所(現サッポロビールの起源）開業。7月、クラーク来札。8月、札幌学校が札幌農学校と改められる。9月、真駒内に牧牛場官設。この冬から、役所ではストーブを使用し、市民にも使用を奨励。	2月、日朝修好条規調印、朝鮮開国。10月、旧士族が神風連の乱、秋月の乱、萩の乱を起こす。
明治10年（1877）	3月、小学科伝習生徒教場を公立第一小学校（北1西2、資生館が改称を重ね移転）内に設置（師範学校・教育大の前身)。4月、クラーク帰国。	2月、西南戦争はじまる。
明治11年（1878）	10月、第1回農業仮博覧会が大通で開かれる。札幌農学校演武場（現時計台）の開業式が行われる。	5月、パリ万国博覧会開会、日本も参加。
明治12年（1879）	7月、札幌全郡を札幌区とする。12月、札幌区役所庁舎落成(南2西5)。この年、官営の幌内炭鉱開山。	4月、琉球藩を廃し沖縄県設置(5月清国から抗議)。
明治13年（1880）	6月、札幌最初の新聞「札幌新聞」（週刊）が発行される（45号で廃刊)。11月、手宮（小樽）～札幌間に鉄道開通。	この年、「君が代」に曲がつけられる。
明治14年（1881）	6月、札幌市街の町名を条丁目に改める。8月、明治天皇初の行幸、落成したばかりの豊平館が行在所にあてられる。	7月、参議兼開拓長官黒田清隆、開拓使官有物払い下げ問題化。
明治15年（1882）	2月、開拓使を廃して、函館、札幌、根室の3県が置かれる。6月に札幌始審裁判所が、7月に札幌治安裁判所が置かれる。11月、札幌～幌内間の官営幌内鉄道全通。	3月、上野動物園開園。10月、日本銀行開業。

年号	札幌の沿革	国内外の主な出来事
明治16年(1883)	5月、札幌県立師範学校（北2西3）設立。9月、札幌～幌内間の各停車場に電話開通。	11月、東京麹町に鹿鳴館完成。
明治17年(1884)	3月、札幌郡役所の管轄区域を分割し、札幌市街のみを札幌区とする。6月、白石村に鈴木煉瓦製造場開業（19年には月寒村に分工場開業）。	7月、自由の女神像がパリで米国に贈与される〈完成は1886年〉。
明治18年(1885)	3月、北海英語学校（南2西1、現北海高）開校。5月、停車場通りにアカシヤ、桜、柳を植樹。この年、東京から函館～札幌～根室に達する道路が国道となる。	10月、メートル条約に加盟。12月、内閣制度制定（伊藤博文が初代内閣総理大臣となる）。
明治19年(1886)	1月、3県1局を廃し北海道庁となる。この年、札幌県立師範学校を庁立師範学校と改称。中島遊園地整備（開園は翌年）	4月、学校令により義務教育が4年制となる。
明治20年(1887)	1月、サラ・C・スミス塾（8月スミス女学校に。現北星女子高）開設。「北海新聞」（10月「北海道毎日新聞」。現「北海道新聞」の起源）創刊。5月、新琴似に146戸の屯田兵入植。	1月、東京電灯㈱が日本で初めて配電を開始。
明治21年(1888)	12月、北海道庁赤れんが庁舎落成。	4月、市制および町村制公布。
明治22年(1889)	7月、篠路村に220戸の屯田兵入植。この年、東橋が架けられる。12月、官営幌内鉄道が北海道炭礦鉄道に移管される。	2月、大日本帝国憲法公布。
明治24年(1891)	1月、札幌病院が新築移転（北1西8）。11月、札幌にはじめて電灯が灯る（30戸83灯）。	3月、尺貫とメートル法併用の度量衡法公布（施行は明治26年1月）。
明治25年(1892)	5月、札幌大火、区役所・警察署など887戸焼失。	11月、クーベルタンが近代五輪を提唱。
明治27年(1894)	6月、新渡戸稲造が遠友夜学校（南4東4）を開く。8月、厚別駅開業。10月、手稲村に前田農場開かれる。	7月、日清戦争はじまる。
明治28年(1895)	4月、札幌尋常中学校（北10西4、現札幌南高）開校。	4月、日清講和条約（下関条約）調印。
明治30年(1897)	11月、道内の郡役所を廃止、札幌ほか18支庁を設置。	4月、帝国図書館開館。
明治32年(1899)	10月、札幌・函館・小樽に区制施行（区役所は札幌支庁内に設置）。11月、北海道教育会が附属図書館を開設（北4西5）。	2月、高等女学校令公布。
明治33年(1900)	3月、札幌電話交換局が一般交換業務開始（加入数は141）。4月、北海道拓殖銀行開業。	6月、義和団事件に出兵。
明治34年(1901)	9月、「北海道毎日新聞」「北門新報」「北海時事」が統合して「北海タイムス」（現在の「北海道新聞」）創刊。	2月、重工業の要、官営八幡製鉄所（現福岡県北九州市）操業開始。

年号	札幌の沿革	国内外の主な出来事
明治35年（1902）	4月、北海道初の官設女学校、庁立札幌高等女学校（現札幌北高）北3西7仮校舎で開校（10月、北2西11の新校舎に移転）。	1月、日英同盟調印。
明治36年（1903）	4月、白石駅開業。7月、札幌農学校が現北大の地に移転。8月、大通西7に黒田清隆像建立（永山武四郎像は明治42年）。	12月、ライト兄弟が史上初の動力飛行に成功。
明治37年（1904）	9月、屯田兵条例廃止。	2月、日露戦争勃発（～翌年9月）。
明治39年（1906）	4月、篠路兵村を琴似村に合併。北海女学校（現札幌大谷高）開校。6月、農商務省月寒種牛牧場設置（大正8年に種羊場を併置）。9月、北海道初の百貨店・五番舘（北4西3）開業。	3月、鉄道国有法公布（10月1日、北海道炭礦鉄道も国有化。炭鉱部門は北海道炭礦汽船となった）。
明治40年（1907）	5月、札幌区大火で札幌支庁、警察署、郵便局等のほか民家366戸焼失。9月、札幌農学校が東北帝国大学農科大学となる。石川啄木来札（14～27日）。10月、札幌競馬場が北5西16の北方に移る。	3月、小学校令改正、義務教育が6年間となる。
明治41年（1908）	6月、豊平村に町制施行。この年、農科大教師ハンス・コラーがノルウェー式スキーをはじめて学生に紹介。	11月、第1回日米野球が日本で開催される（早大戦で大隈重信が始球式）。
明治42年（1909）	1月、北海道庁火災。8月、区庁舎落成（北1西2）。この年、現在の石山～南2西11間に馬車鉄道開通（翌年、北5西11を右折して停車場まで延長）。	10月、伊藤博文、ハルビン駅頭で暗殺される。
明治43年（1910）	4月、札幌区に豊平町、白石村、札幌村、藻岩村の一部を編入。5月、苗穂駅開設。この年、円山公園設営。	5月、ハレー彗星接近、流言ひろがる。8月、日韓併合条約に調印。
明治44年（1911）	7月、教育会附属図書館が時計台に移転。この年、大通に逍遥地（現大通公園）設営。北7西1～茨戸間に馬車鉄道開通。	この年、明治屋がMYジャムを発売。
明治45年（1912）（大正元年）	9月、北海道瓦斯札幌支店がガス供給を開始。この年、農科大・恵迪寮歌「都ぞ弥生」できる。	7月、天皇崩御、大正と改元。
大正2年（1913）	4月、庁立札幌第二中学校（北3西19、現札幌西高）開校。10月、映画館・エンゼル館（北3西3）開業。	8月、デンマーク・コペンハーゲンで人魚姫の像建立。
大正3年（1914）	4月、北海道師範学校を北海道札幌師範学校と改称。5月、円山登山道が開かれ、八十八カ所観音像を建立。札幌ビアホール（現狸小路2・ライオン狸小路店）開店。	7月、第1次世界大戦はじまる（～1918年）。
大正5年（1916）	3月、豊羽鉱山で精錬開始。6月、米人飛行家スミス、札幌で墜落負傷。9月、北海道鉄道管理局（北5西4）完成。10月、丸井今井百貨店落成。この年、狸小路3に横断街灯はじめて点灯。	この年、ドイツで盲導犬の育成が始められる。

年号	札幌の沿革	国内外の主な出来事
大正7年（1918）	4月、農科大が東北帝大から分離、北海道帝国大学となる。8月、開道50年記念博覧会開催（第1会場・中島公園、第2・札幌停車場通り、第3・小樽区）、50日間の入場者140万人余。札幌電気軌道の路面電車が営業開始(昭和2年市営事業となる)。10月、定山渓鉄道、白石～定山渓間営業開始。	この年、大戦景気で物価3倍に暴騰。米騒動や暴動が全国各地で多発。
大正8年（1919）	4月、北大に医学部設置。5月、電車・苗穂線（北3西4道庁前～北3東7）新設。この年、持田謹也が小堀遠州設計と伝えられる茶室・八窓庵（昭和25年重要文化財に指定される）を滋賀県長浜市から札幌に移築。	9月、森永製菓、国産ミルクココア（1缶45銭）発売。
大正9年（1920）	7月、薄野遊郭を白石町（現菊水）に移転。8月、全国中等学校野球に北海中学校が初出場。	1月、国際連盟発足。5月、第1回メーデー。10月、第1回国勢調査。
大正10年（1921）	3月、円山・藻岩・野幌原始林が天然記念物に指定される。4月、北大医学部附属病院設置。9月、千秋庵(南3西3)創業。12月、豊平館が区に下賜される。	4月、メートル法が公布されたが、使い慣れた尺貫法の使用は根強く、普及は戦後のこと。
大正11年（1922）	4月、静修女学校（現札幌静修高）開校。7月、第一中、南18西6に新築移転。8月、札幌に市制施行（函館・小樽・旭川・室蘭・釧路も同時）。札幌支庁を石狩支庁と改称。11月、電車・苗穂線（東7～苗穂駅前）延長。この年、北海高等女学校、札幌村仲通（現北16東9）に移転、北海道初の洋式の制服を採用。	2月、江崎商店（現江崎グリコ）、栄養菓子グリコ（10粒5銭）発売（「1粒300 m」の新聞広告）。11月、アインシュタイン来日。
大正12年（1923）	5月、中島公園の採氷場(140 m×23 m)をプールに開放。10月、札幌乗合自動車がバス事業開始（山鼻～北大病院、札幌駅～元村入口の2路線）。	9月、関東大震災。
大正13年（1924）	6月、桑園駅開業。8月、3連アーチの豊平橋竣工。12月、丸井今井百貨店焼失。	4月、東京銀座に、フランスケーキ店コロンバン開店。
大正14年（1925）	2月、中島公園で全国初の氷上カーニバル開かれる。4月、藤高等女学校(現藤女子高)開校。この年、狸小路2～4丁目舗装。	3月、治安維持法公布。5月、普通選挙法公布。
大正15年（1926）（昭和元年）	7月、北海タイムス、札幌～旭川間定期航空開始。8月、苗穂～沼ノ端（苫小牧）間鉄道開通（東札幌・月寒・大谷地・上野幌各駅開業）。控訴院新築（大通西13）。9月、札幌～東京間の直通電話開通。11月、道立図書館竣工（北1西5）。	12月、天皇崩御、昭和と改元。
昭和2年（1927）	1月、北海タイムス社、北24西6·7に飛行場整備。6月、電車・北5条線（札幌駅前～西20）新設。狸小路にスズラン灯設置。11月、豊平館新館落成、市公会堂となる（北1西1）。12月、市が札幌電気軌道を買収、市電の運行開始。電車・鉄北線（北6西5～北18西5）新設。	10月、明治製菓、サイコロ・キャラメル（2銭）発売。この年、丸美屋食料品研究所（現丸美屋）、ふりかけの元祖「是はうまい」発売。

年号	札幌の沿革	国内外の主な出来事
昭和3年(1928)	4月、酒造会社が合同して、日本清酒㈱(銘柄・千歳鶴)となる。6月、日本放送協会(NHK)札幌放送局開局(南11西3)、ラジオ放送開始。	8月、織田幹雄、アムステルダムオリンピック三段跳びで日本人初の金メダル獲得。
昭和4年(1929)	10月、師範学校新校舎(南22西12)落成。この年、中島プールを本格的に整備。	4月、寿屋(現サントリー)、国産ウィスキー第1号「白札」発売。
昭和6年(1931)	10月、大倉シャンツェ竣工(翌年1月開場式。後の大倉山ジャンプ競技場)。11月、市電・山鼻線(南1西15～南19)開通。	9月、満州事変はじまる。
昭和7年(1932)	5月、三越札幌支店開業。12月、市が民営バス事業買収決める。西5丁目跨線橋完成。	8月、札幌出身南部忠平、ロサンゼルスオリンピック三段跳びで金。
昭和8年(1933)	この年、北24条の北海タイムスの飛行場が国営となる。	3月、日本、国際連盟を脱退。
昭和9年(1934)	4月、札幌光星商業学校(現札幌光星高)開校。8月、円山総合グラウンド竣工。11月、札幌警察署(北1西5)落成。札沼線(桑園～石狩当別)開通(新琴似駅・篠路駅開業)。12月、札幌グランドホテル開業。	この年、現在の新宿中村屋、日本で初めて水ようかんの缶詰化に成功。
昭和11年(1936)	10月、陸軍特別大演習が行われ、天皇行幸。	2月、二・二六事件起こる。
昭和12年(1937)	4月、新市庁舎(北1西4)完成。上水道の給水開始。札幌～仙台～東京間の定期航空路開始。	7月、日中戦争はじまる。
昭和13年(1938)	4月、円山村に町制。11月、丸井今井屋上に航空灯台設置。	4月、国家総動員法公布。
昭和14年(1939)	12月、街のネオン完全に消灯。	9月、第2次世界大戦始まる。
昭和16年(1941)	4月、円山町と合併。	12月、日本、米英に宣戦布告。
昭和17年(1942)	2月、琴似村に町制施行。	7月、関門トンネル(貨車用)開通。
昭和18年(1943)	2月、陸軍、豊平館を接収。3月、金属回収で銅像など供出。	12月、学徒出陣開始。
昭和20年(1945)	4月、庁立女子医専創立(25年、札医大となる)。10月、米軍(兵8000人)、札幌に進駐。	8月、ポツダム宣言を受諾。15日、天皇「終戦」の詔書放送。
昭和22年(1947)	10月、北海道帝大を北海道大学と改称。	4月、6・3制の新学制実施。5月、日本国憲法施行。
昭和23年(1948)	7月、札幌市警・市消防発足。8月、道から移管の保健所業務開始。8月、札幌電話局内に国際通話所設置。	11月、台湾バナナ、戦後輸入を再開、1本40～50円。
昭和24年(1949)	6月、札幌法務局設置。7月、中島児童会館、進駐軍払い下げのかまぼこ型兵舎で開館(日本初の公立児童会館)。	11月、湯川秀樹ノーベル物理学賞受賞(日本人初のノーベル賞)。
昭和25年(1950)	2月、第1回雪まつり開催(大通西7)。	1月、年齢を満年齢とする法施行。

年号	札幌の沿革	国内外の主な出来事
昭和 26 年（1951）	5 月、円山動物園開園。10 月、札幌～東京間民間航空機就航。11 月、手稲村に町制施行。	9 月、日米安全保障条約調印。
昭和 27 年（1952）	3 月、十勝沖地震。道内初の民放、北海道放送（HBC）ラジオ放送開始。4 月、北海学園大創立（道内初の 4 年制私大）。12 月、4 代目札幌駅、ステーション・デパート開業。	この年、永谷園、お茶漬け海苔発売。日本水産、魚肉ソーセージ発売。
昭和 29 年（1954）	7 月、市警が道警に統合され廃止。さっぽろ夏まつり初開催。	7 月、陸・海・空白衛隊発足。
昭和 30 年（1955）	3 月、琴似町、札幌村、篠路村と合併。8 月、丸井今井本店に道内初のエスカレーター 2 基設置。	12 月、東京芝浦電気、自動炊飯器（3200 円）発売。
昭和 31 年（1956）	12 月、ＮＨＫ札幌中央放送局が北海道初のテレビ放送開始。	12 月、国際連合に加盟。
昭和 32 年（1957）	4 月、北海道放送（HBC）テレビ放送開始。8 月、テレビ塔開業。定鉄、札幌駅に乗り入れ。10 月、藻岩山観光道路完成。	2 月、南極に昭和基地開設。 5 月、コカ・コーラ国内生産開始。
昭和 33 年（1958）	7 月、北海道大博覧会開く。藻岩山ロープウェイ開業。市民会館開館。豊平館、中島公園に移築される。釜谷臼（現あいの里公園）駅開業。12 月、狸小路 3 に初のアーケード完成。	12 月、東京タワー完成。8 月、日清食品、世界初の即席麺チキンラーメン（35 円）発売。
昭和 34 年（1959）	4 月、札幌テレビ放送（STV）開局。6 月、札幌まつりの最中、創成川河畔のサーカス小屋焼け、48 人重軽傷。9 月、NHK 札幌放送会館（大通西 1）落成。11 月、米ポートランド市と姉妹都市提携調印。12 月、中央卸売市場開場。	3 月、「週刊少年マガジン」「週刊少年サンデー」創刊。バービー人形発売。4 月、皇太子（今上天皇）御成婚。
昭和 35 年（1960）	11 月、人口 50 万人突破記念で公募した「市民が愛する花・木・鳥」が「スズラン・ライラック・カッコウ」に決まる。	1 月、日米新安保条約調印。12 月、池田内閣が所得倍増計画。
昭和 36 年（1961）	5 月、豊平町と合併。7 月、札幌交響楽団発足（群馬、京都に続く日本で 3 番目の地方オーケストラ）。	4 月、ソ連ガガーリン飛行士ボストーク 1 号で史上初の宇宙飛行。
昭和 38 年（1963）	11 月、市民憲章制定。札幌駅北口開設。	7 月、日本初の高速道路が栗東～尼崎間に開通。
昭和 39 年（1964）	7 月、ホテル三愛（南 10 西 3・現パークホテル）開業。10 月、市旗と市民の歌制定。札幌神社、北海道神宮に改称。	10 月、東海道新幹線開通。東京オリンピック開催。
昭和 40 年（1965）	2 月、自衛隊真駒内駐屯地が雪まつり第 2 会場となる（～平成 17 年）。12 月、テイネオリンピアスキー場オープン。	6 月、日韓基本条約調印。この年、戦後最大の証券不況。
昭和 41 年（1966）	4 月、'72 冬季オリンピック札幌開催決まる。6 月、経済センター（北 1 西 2）竣工。10 月、新しい豊平橋開通。	6 月、ザ・ビートルズ日本武道館で公演。この年、景気上昇。
昭和 42 年（1967）	3 月、手稲町と合併。12 月、東篠路（現拓北）駅開業。	10 月、吉田茂没、戦後初の国葬。

年号	札幌の沿革	国内外の主な出来事
昭和 43 年（1968）	5 月、十勝沖地震発生、札幌市で震度 4 観測。6 月、北海道大博覧会、真駒内公園で開催。8 月、札幌創建 100 年記念式典挙行。11 月、北海道テレビ放送（HTB）開局。	2 月、大塚食品工業、ボンカレー発売。6 月、小笠原諸島返還。10 月、明治 100 年記念式典（武道館）。
昭和 44 年（1969）	10 月、定山渓鉄道廃止。この年、大気汚染など都市化問題表面化。	1 月、東大安田講堂事件。7 月、米アポロ 11 号月面に着陸
昭和 45 年（1970）	10 月、人口 100 万人突破。11 月、大倉山ジャンプ競技場、真駒内屋内スケート場など完成。	3 月、日本万国博覧会（大阪府吹田市）開催。
昭和 46 年（1971）	4 月、北海道開拓記念館（現北海道博物館）開館。11 月、新市庁舎落成。12 月、地下商店街完成。地下鉄南北線（北 24 条～真駒内）開通。	9 月、日清食品、カップヌードル（100 円）発売。
昭和 47 年（1972）	2 月、札幌オリンピック冬季大会開催。4 月、政令指定都市に移行して 7 区役所開設。北海道文化放送（UHB）開局。8 月、西独ミュンヘン市と姉妹都市提携調印。	5 月、沖縄の施政権返還。沖縄県復活。9 月、日中国交正常化。
昭和 48 年（1973）	9 月、新札幌駅開業。10 月、さっぽろ東急百貨店開店。11 月、札幌市資料館（大通西 13・旧控訴院・札幌高裁）開館。	8 月、鉄道弘済会、駅売店をキヨスク（KIOSK）と改称。
昭和 49 年（1974）	6 月、札幌松坂屋（南 4 西 4、ロビンソン百貨店等を経て現ススキノラフィラ）開店。	10 月、佐藤栄作、日本人初のノーベル平和賞受賞。
昭和 50 年（1975）	1 月、70 歳以上の市電・市バス乗車料金無料化（翌年地下鉄にも拡大）。8 月、パルコ開店。9 月、丸井今井大通館開業。	4 月、ベトナム戦争終結。7 月、沖縄国際海洋博開催。
昭和 51 年（1976）	6 月、地下鉄東西線（白石～琴似）開通。	この年、ロッキード事件表面化。
昭和 52 年（1977）	6 月、三岸好太郎美術館（北 1 西 5）開館。7 月、道立近代美術館、教育文化会館開館。9 月、文化叢書・さっぽろ文庫第 1 巻「札幌地名考」発刊（6 月、別冊「札幌文化地図」発刊）。	7 月、200 カイリ宣言。9 月、王貞治選手ホームラン 756 本の世界記録樹立。
昭和 53 年（1978）	3 月、地下鉄南北線（北 24 条～麻生）延長。9 月、札幌そごう開店（札幌エスタ内。～平成 12 年）。	8 月、日中平和友好条約調印。
昭和 55 年（1980）	1 月4日、暖冬で 88 年ぶりの積雪ゼロ。2 月、冬のスポーツ博物館開館（南 11 西 3、平成 11 年閉館）。8 月、麻生球場開場。11 月、中国瀋陽市と友好都市提携調印。	5 月モスクワ・オリンピック、日本など約 60 カ国不参加。
昭和 56 年（1981）	6 月、彫刻美術館（宮の森 4-12）開館。10 月、青少年科学館開館。12 月、第 1 回ホワイトイルミネーション開催。	10 月、福井謙一、日本人初のノーベル化学賞受賞。
昭和 57 年（1982）	3 月、地下鉄東西線（白石～新さっぽろ）延長。6 月、北海道大博覧会、共進会場で開催。9 月、FM 北海道（AIR-G'）開局。	この年、東北・上越新幹線開通。

年号	札幌の沿革	国内外の主な出来事
昭和58年（1983）	4月、北海道開拓の村開村。5月、京都市の人口を抜いて、五大都市入り。7月、三岸好太郎美術館、北2西15に新築移転。百合が原公園開園。	6月、初の比例代表制選挙（参議院旧全国区）を実施。
昭和59年（1984）	9月、森林公園駅開業。10月、豊平川さけ科学館オープン。この年、人口150万突破。	2月、植村直己が米マッキンリー山単独登頂（下山途中消息不明に）。
昭和60年（1985）	10月、星置駅開業。	3月、科学万博つくば'85開催。
昭和61年（1986）	3月、第1回アジア冬季競技大会開催。6月、'86さっぽろ花と緑の博覧会開催。7月、札幌芸術の森開園。11月、発寒・発寒中央・稲積公園・稲穂・平和・新川・太平・百合が原・あいの里教育大の各駅開業。	7月、改訂現代仮名遣い告示。10月、国鉄分割・民営化法可決（実施は昭和62年4月）。
昭和63年（1988）	8月、こどもの劇場やまびこ座（北27東15）開館。12月、地下鉄東豊線（栄町～豊水すすきの）開通。	3月、青函トンネル開通。4月、道路・鉄道併用の瀬戸大橋開通。
昭和64年（1989）（平成元年）	9月、第44回国民体育大会（はまなす国体）厚別公園競技場で開催。10月、テレビ北海道（ＴＶｈ）開局。11月、白石区と西区がそれぞれ分区して、厚別区と手稲区誕生。	1月、昭和天皇崩御で平成と改元。4月、3%消費税スタート。
平成2年（1990）	6月、ソ連（現ロシア）ノボシビルスク市と姉妹都市提携調印。パシフィック・ミュージック・フェスティバル（ＰＭＦ）開催。この年、定山渓ダム供用開始。	4月、国際花と緑の博覧会（大阪市・守口市）開催。
平成3年（1991）	3月、'91札幌ユニバーシアード冬季大会開催。新しい中央図書館・埋蔵文化財センター（南22西13）オープン。4月、札幌市立高等専門学校（芸術の森1。平成18年からは市立大芸術の森キャンパスに）開校。11月、ミュンヘン大橋開通。	6月、雲仙普賢岳で大火砕流発生。この年、初の自衛隊海外派遣。バブル景気崩壊へ。
平成4年（1992）	6月、第1回YOSAKOIソーランまつり開催。11月、地下鉄ウィズユーカード（プリペイドカード）導入。	9月、道産子宇宙飛行士・毛利衛宇宙へ。
平成5年（1993）	4月、サッポロファクトリーオープン。8月、FMノースウェーブ開局。	5月、Ｊリーグ開幕。6月、皇太子御成婚。8月、細川連立内閣。
平成6年（1994）	10月、地下鉄東豊線（豊水すすきの～福住）延長。	6月、松本サリン事件発生。
平成7年（1995）	3月、ほしみ駅開業。7月、さとらんど開園。8月、北海道立文学館開館。10月、市立札幌病院、北11西13に移転。	1月、阪神淡路大震災発生。3月、地下鉄サリン事件発生。
平成8年（1996）	4月、コンサドーレ札幌誕生。9月、全国知的障害者スポーツ大会「ゆうあいピック北海道大会」開催。	4月、沖縄米軍基地縮小で日米合意。この年、O-157が猛威。
平成9年（1997）	7月、札幌コンサートホール（Kitara）オープン。11月、豊平区の分区で清田区が誕生し、10区制となる。	4月、消費税率5%に増税。11月、北海道拓殖銀行経営破綻。

年号	札幌の沿革	国内外の主な出来事
平成10年(1998)	12月、北海道国際航空(現 AIRDO)、新千歳空港〜羽田空港間就航。	2月、長野オリンピック開催、日本「金」5個。
平成11年(1999)	2月、地下鉄東西線(琴似〜宮の沢)延長。8月、札沼線(新川〜新琴似)高架開通。12月、八剣山トンネル開通。	8月、国旗・国歌法成立。
平成12年(2000)	2月、道立総合体育センター(豊平5-11、きたえーる)開館。4月、ウィンタースポーツミュージアム(大倉山)開館。8月、生涯学習総合センター(宮の沢1-1、ちえりあ)開館。	3月、有珠山噴火。4月、介護保険スタート。
平成13年(2001)	6月、札幌ドーム(羊ケ丘1)オープン。7月、環状通りエルムトンネル開通。	9月、日本初の狂牛病確認。11月、テロ対策特別措置法公布。
平成14年(2002)	5月、FIFAワールドカップ予選、札幌ドームで開催。10月、DPI(障害者インターナショナル)世界会議札幌大会開催。	9月、北朝鮮、日本人拉致を認め謝罪、10月には被害者5人が帰国。
平成15年(2003)	3月、大丸札幌店開店。6月、札幌コンベンションセンター(東札幌6-1)オープン。	4月、国際ヒトゲノム計画による、ヒトゲノム解読完了。
平成16年(2004)	3月、北海道日本ハムファイターズ誕生。市営バス事業廃止。この年、モエレ山完成。	10月、新潟県中越地震発生。
平成17年(2005)	7月、イサム・ノグチ設計のモエレ沼公園(平成15年、ガラスのピラミッド「HIDAMARI」完成)グランドオープン。	3月、愛知万博開催。7月、知床、世界遺産に登録される。
平成18年(2006)	4月、札幌市立大学開学。9月、SAPPOROショートフェスト(第1回札幌国際短編映画祭)開催。10月、北海道日本ハムファイターズ、日本一に。10月、札幌市自治基本条例制定(平成19年4月1日施行)。	10月、北朝鮮が初の地下核実験。
平成19年(2007)	2月、FISノルディックスキー世界選手権札幌大会開催。10月、日本ハム、パ・リーグ連覇(以後2009・2012年も優勝)。	7月、新潟県中越沖地震発生。
平成20年(2008)	9月、初の「さっぽろオータムフェスト」開催。	7月、北海道洞爺湖サミット開催。
平成21年(2009)	1月、市営地下鉄でICカード乗車券SAPICAのサービス開始。3月、創成トンネル(創成川通りアンダーパスの連続化)開通。12月、旧北海道厚生年金会館が札幌市所有となり、「さっぽろ芸術文化の館」としてオープン。	8月、裁判員裁判はじまる。この年から翌年春にかけて、新型インフルエンザ世界的に流行。
平成22年(2010)	6月、APEC貿易担当大臣会合を札幌で開催。10月、韓国大田広域市と姉妹都市提携調印。	10月、北海道大学の鈴木章名誉教授がノーベル化学賞を受賞。
平成23年(2011)	3月、札幌駅前通り地下歩行空間(チ・カ・ホ)開通。4月、創成川公園開園。円山動物園「は虫類・両生類館」開館。12月、もいわ山観光施設リニューアル。	3月、東日本大震災発生。7月、FIFA女子ワールドカップで日本代表「なでしこジャパン」初優勝。

年号	札幌の沿革	国内外の主な出来事
平成 24 年 (2012)	9月、どうぎんカーリングスタジアムオープン。12月、円山動物園「わくわくアジアゾーン」オープン。	5月、東京スカイツリー開業。
平成 25 年 (2013)	2月、さっぽろ雪まつりの大雪像にプロジェクションマッピングを実施。5月、市電に新型低床車両「ポラリス」導入。7月、札幌市公文書館開館（南8西2、旧豊水小学校）。	6月、富士山が世界文化遺産に登録される。9月、'20年夏季オリンピック開催都市が東京に決定。
平成 26 年 (2014)	4月、青少年科学館リニューアルオープン。7月、北3条広場「アカプラ」（北3西4）オープン。札幌国際芸術祭2014開催。	4月、消費税8％に増税。6月、富岡製糸場と絹産業遺産群、世界文化遺産に登録される。
平成 27 年 (2015)	2月、大通交流拠点地下広場供用開始。4月、市立札幌開成中等教育学校（北22東21）開校。12月、路面電車ループ化。	9月、マイナンバー法改正案可決（実施は平成28年1月から）。
平成 28 年 (2016)	6月、豊平館リニューアルオープン。8月、円山動物園「アフリカゾーン」グランドオープン。10月、日本ハム、10年ぶりに日本一になる。11月、白石区複合庁舎供用開始。	3月、北海道新幹線（新青森～新函館北斗）開通。4月、熊本地震発生。7月、18歳選挙権、参院選で初の投票。
平成 29 年 (2017)	10月、「夜景サミット2017 in 足利」で、さっぽろホワイトイルミネーションが「日本三大イルミネーション」に認定される。12月、日本ハムの大谷翔平選手が、米大リーグ、ロサンゼルス・エンゼルスに移籍決まる。	6月、上野動物園でパンダ「シャンシャン」誕生。7月、福岡・大分県を中心に、九州北部で記録的豪雨。

凡例：本年表は横書きですが、ページ進行は縦書き用のまま右から左に進みます。
表記は、略称などを用いて簡略にしています。「国内外の主な出来事」の欄には、国内、海外の興味深い出来事を記載しています。

あとがき

かつて一緒に仕事をしていたカメラマンに「僕は一〇センチ以上高いところには登れない高所恐怖症でね……」と、俯瞰写真の撮影を断られたことがある。その時は、どうしてもほしい挿画と思い込んでいたので、私の怒りは収まらず、自ら道路脇の柵によじ登って撮影して使った。その後何人かのカメラマンと親しくなってプロ魂の数々を知ったとき、高所恐怖症のあの一言は、人間の自然な目線にこだわった彼のポリシーだったことに気がついたが、その時には彼は鬼籍の人となっていた。

この写真集を構成するにあたって、終戦直後から現在に至る北海道新聞社が保有する札幌関連の写真のほとんどを見ることになった。事件事故の写真も多いが、なかにはカメラマンの愛情が見て取れる〝作品〟も少なくなかった。また札幌市公文書館蔵の写真では、かつて各区役所の職員が十年ごとに同じ場所から撮影する〝定点観測〟を休日返上で試みた写真も多く使用した。

これまで出版された札幌の写真集は、「さっぽろ文庫」シリーズの別冊『札幌歴史写真集』の明治・大正・昭和の三部作、戦後の昭和にこだわった朝倉賢氏の『札幌　街並み今・昔』などがあるが、今回はそれらの続編ともなるように、戦後から平成の札幌を市内各地域にも目配りしながらまとめてみた。

みなさんにとっての〝あのとき〟の〝あの場所〟はあっただろうか。一枚の写真から熱い思い出がよみがえってくれれば幸いである。

二〇一七年十月

赤谷正樹

【プロフィール】

本文執筆、各章解説

朝倉　賢（あさくら　けん）

昭和7年（1932）札幌市生まれ。北海道学芸大学札幌分校（現・北海道教育大学札幌校）卒。元札幌市収入役。日本ペンクラブ名誉会員。日本放送作家協会札幌支部顧問。平成19年度札幌芸術賞受賞。

〈主な著書〉

ラジオドラマ「アグアドの首」（『北海道・放送脚本集　ラジオドラマ編』に所収。国際ラジオドラマコンクール・イタリア賞候補作）、小説『鮫たちの樹氷』（太陽）、エッセイ『札幌発　札幌行き』（北海道新聞社）、『札幌　街並み今・昔』（同）、『北風の匂い』（北海タイムス社）など。

本文執筆、写真説明、全体構成

赤谷正樹（あかたに　まさき）

昭和26年（1951）小樽市生まれ、札幌市育ち。東北大学大学院博士課程後期修了（文学博士）。元札幌市職員（文化叢書「さっぽろ文庫」など担当）。東北大学大学院文学研究科専門研究員。日本思想史学会会員。道新文化センター講師ほか。

〈主な論文〉

「平清盛の死因」（『日本医史学雑誌』）「龍宮城から見た『平家物語』成立の時代」（『歴史と神戸』）など。

※本文中の署名を、朝倉賢氏の原稿は「朝」、赤谷正樹氏の原稿は「赤」に省略しております

主要参考文献

『新札幌市史・第1巻〜第8巻2』
『札幌地名考（さっぽろ文庫1）』
『札幌事始（さっぽろ文庫7）』
『札幌の駅（さっぽろ文庫11）』
『お雇い外国人（さっぽろ文庫19）』
『札幌の建物（さっぽろ文庫23）』
『大通公園（さっぽろ文庫32）』
『開拓使時代（さっぽろ文庫50）』
『札幌歴史地図〈明治編〉（さっぽろ文庫・別冊）』
（以上、札幌市教育委員会編、北海道新聞社刊）
渋谷四郎編著『北海道写真史　幕末・明治』（平凡社）
朝倉賢著『札幌　街並み今・昔』（北海道新聞社）
歴史学研究会編『日本史年表（第五版）』（岩波書店）
江原絢子・東四柳祥子編『日本の食文化史年表』（吉川弘文館）

装丁・レイアウト
佐々木正男（佐々木デザイン事務所）

編集協力
前川公美夫（元北海道新聞社編集局文化部長、
元公益財団法人札幌市生涯学習振興財団理事長）

編集
菊地賢洋（北海道新聞社）

校正
上野和奈

協力
札幌市公文書館／札幌市中央図書館／北海道博物館

写真・資料提供
札幌市公文書館／札幌市中央図書館／北海道博物館／北海道大学附属図書館北方資料室／北海道大学大学文書館／北海道立図書館／東北芸術工科大学東北文化研究センター／放送大学附属図書館／札幌独立キリスト教会／北海道新聞社

写真で見る あの日の札幌 ― 街並み編 ―

２０１８年1月31日　初版第一刷発行

編者　北海道新聞社
発行者　鶴井　亨
発行所　北海道新聞社
〒０６０-８７１１　札幌市中央区大通西3丁目6
出版センター　（編集）０１１-２１０-５７４２
（営業）０１１-２１０-５７４４
http://shop.hokkaido-np.co.jp/book/

印刷・製本　株式会社アイワード

ISBN978-4-89453-893-1

室蘭の記憶
—写真で見る140年—

室蘭市／北海道新聞社 編
B5判・160頁
本体2000円+税

鉄のマチ室蘭。開港140年、市制90年の節目に、明治・大正・昭和と日本の近代化とともに歩んだ活気あふれる姿を振り返る写真集。室蘭市の協力で集まった写真の数々から蘇る室蘭の歴史と、そこに暮らした人々の熱気が伝わってきます。現在の風景も織り交ぜ、今と昔の室蘭も比べられます。

はこだて写真帳

北海道新聞社 編
B5判・160頁
本体1500円+税

函館支社の地域情報版「みなみ風」で2010年11月まで連載した写真シリーズ企画に、新たな章と写真を加えて再構成し単行本化。幕末・明治・大正・昭和と繁栄を極め、「魅力ある街」ランキングで常に全国トップクラスにランクインする函館のルーツを、セピア色の古い写真約230枚で紹介する一冊です。

写真が語る旭川
—明治から平成まで—

北海道新聞社 編
B5判・160頁
本体2000円+税

北海道第2の都市、旭川の明治から現在までの街と人々の姿を写した写真の数々。「師団通り」「平和通り」「買い物公園」と変わる通りの変遷や大正・昭和の懐かしい風景が記憶の中から蘇ります。石狩川の渡し舟や路面電車など今はない交通機関も紹介。旭川の歴史写真集の決定版。

写真で辿る小樽
明治・大正・昭和

佐藤圭樹 編・著
小樽市総合博物館 監修
B5判・160頁
本体2000円+税

港の繁栄とともに、北海道の商業の中心として歴史を刻んできた小樽の明治・大正・昭和120年間の貴重な写真約250点を網羅。街の発展の基盤となった築港、鉄道、運河、金融街はもちろん、幻の龍宮閣や、小樽公園の小動物園や観覧車、花園界隈のデパートや映画館の賑わい、小中学校の校舎の姿など、そこに生きた人たちの活気が伝わる写真の数々は必見。

札幌市観光鳥瞰図　**昭和25年（1950）〈札幌市中央図書館〉**

これは、「大正の広重」吉田初三郎晩年の作である。戦後の希望を感じさせる明るい色調で、最上部には、昭和9年（1934）に指定された阿寒国立公園と肩を並べて、昭和24年（1949）に指定されたばかりの支笏洞爺国立公園が誇らしげに記されているものの、都心の「拓殖銀行」の下に、

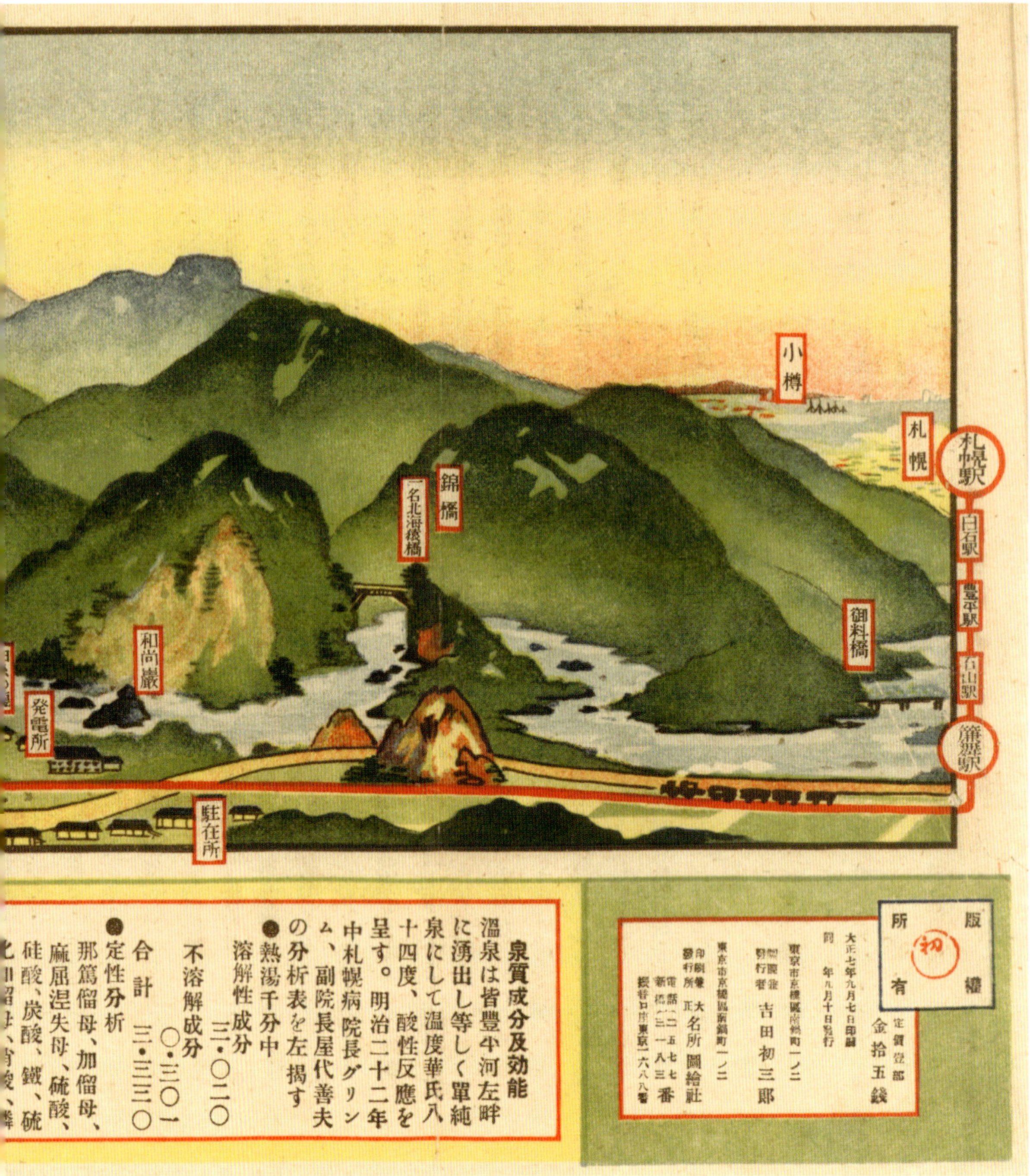

上：定山渓温泉御案内

大正7年（1918）〈札幌市中央図書館〉

この鳥瞰図は、吉田初三郎が札幌を描いた最初期の作品。定山渓温泉街を中心に描いたもので、定鉄は交通手段の表示程度の扱いだ。初三郎の鳥瞰図のおもしろさは、遠く東京や富士山までが見渡す構図だが、この図にはない

下：定山渓電鉄沿線名所図絵

昭和6年（1931）〈札幌市中央図書館〉

定鉄沿線を細かに描いたものだが、遠くに富士山や樺太、朝鮮半島までが描かれ、初三郎の新境地がみえる

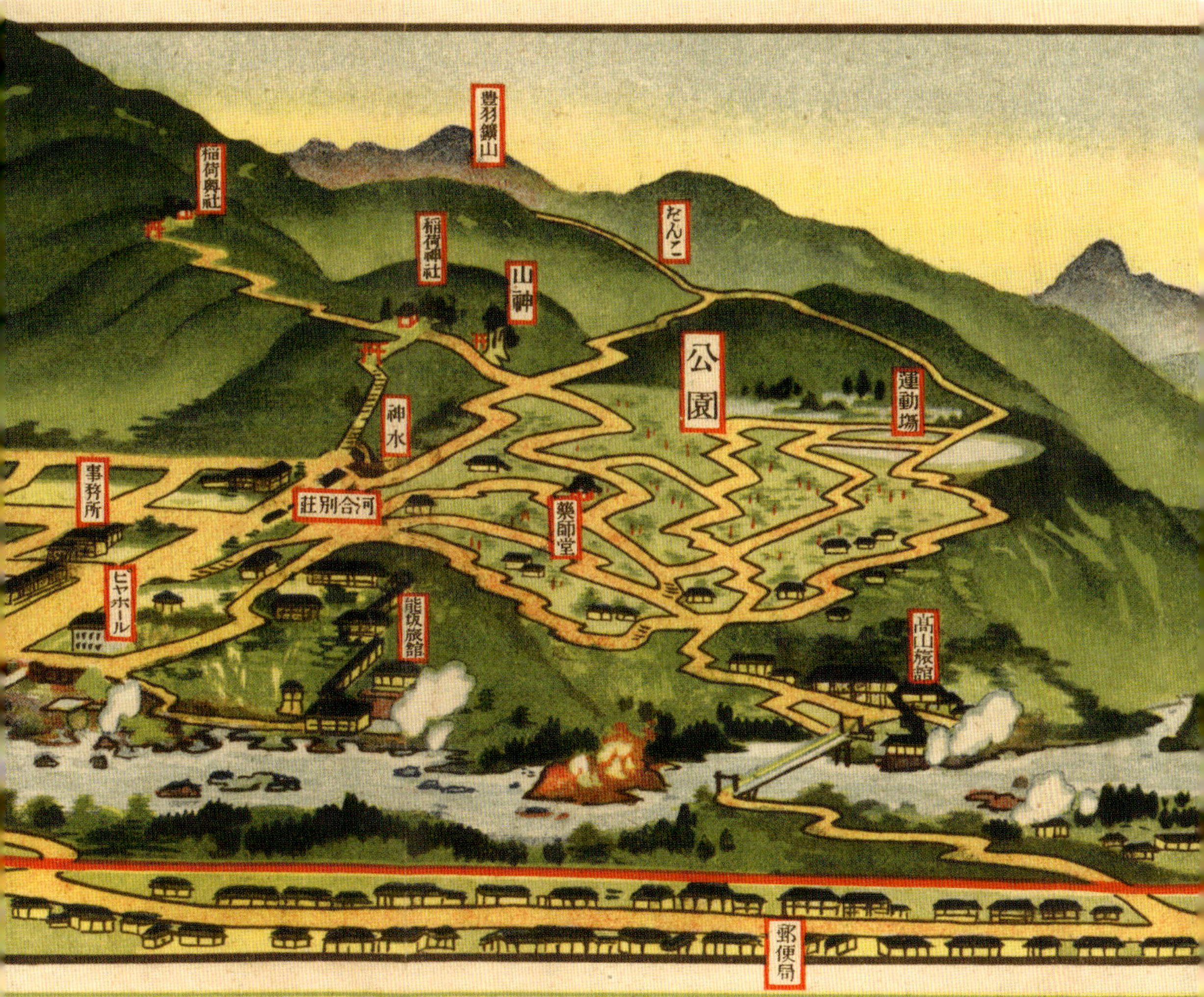

酸。

●定量分析

加留母　○・○三一

那篤留母　一・○六四

加爾叟母　○・一五○

麻屈涅叟母　○・○一三

格魯兒　一・五六○

硫酸　○・○五四

硅酸　○・○五二

合計　二・九二四

●格魯兒硫酸硅酸と拘合したる亞爾加里土類と炭酸鹽類とを比較すること左の如し

格魯兒那篤留母　二・五七○

硫酸那篤留母　○・○六七

硅酸那篤留母　○・○六八

炭酸那篤留母　○・○七○

炭酸加留叟母　○・三七一

炭酸麻屈涅叟母　○・○七一

炭酸加留母　○・○五○

合計　三・二六七

鐵分　○・○○六

●効能　僂麻質斯、胃病、胃癌、眼病、創傷、疥癬、頭痛、子宮病、疝痛、眩暈、産後水腫、脹滿、骨疽、脱疽、痔漏、打

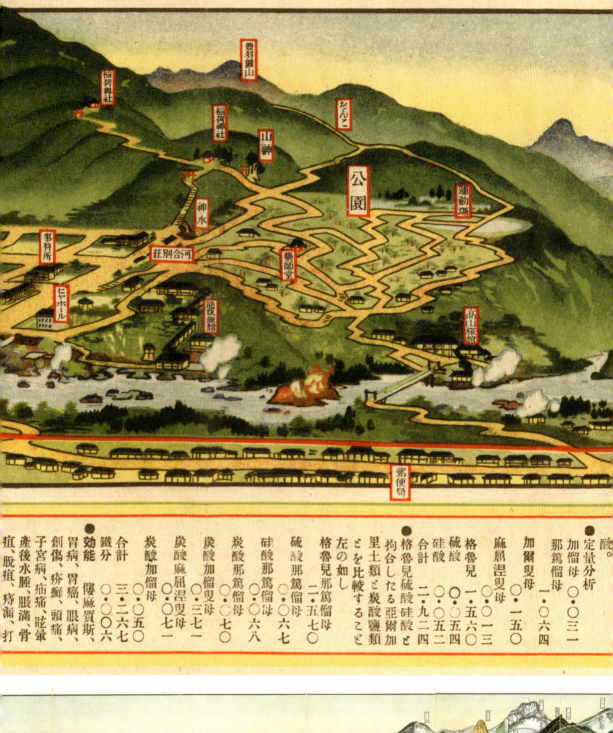

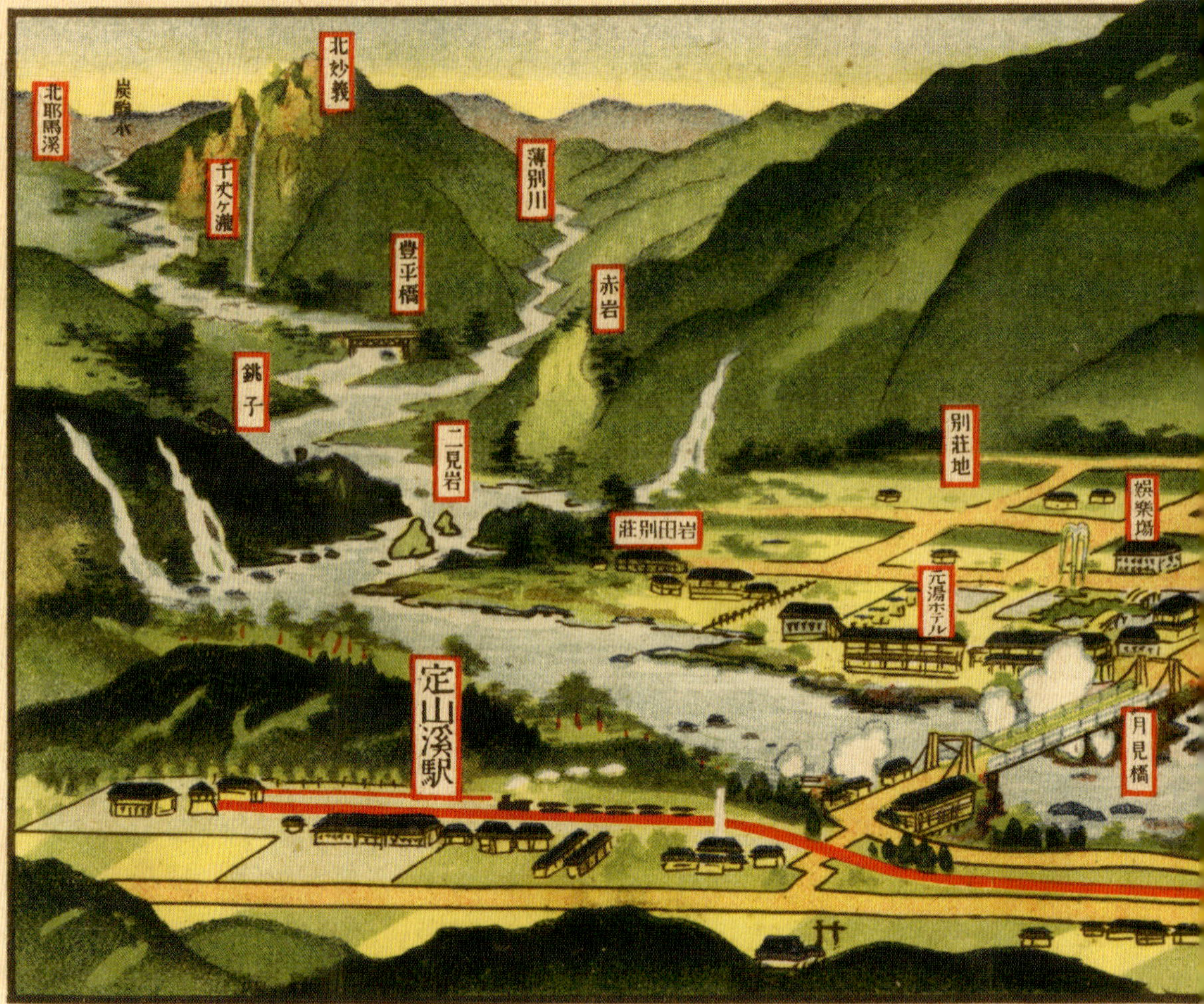

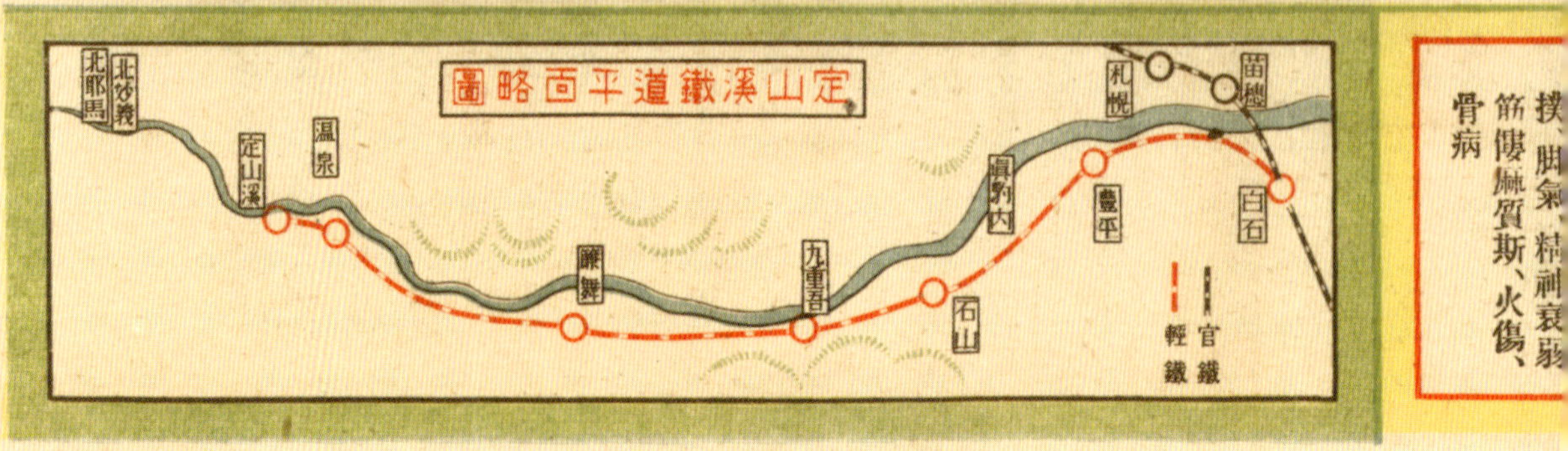

薄別温泉の溪流（定山溪上流）　繁野三郎

定山溪溫泉玉川の溪流

早川國彦筆

昭和17年（1942）ごろに札幌観光協会が発行した絵葉書「北方文化の都」シリーズの中には、日本を代表する水彩画家早川国彦や繁野三郎が定山渓を描いている。〈札幌市中央図書館〉

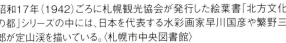

DUNLOP